作りやすく工夫した「定番レシピ」から、
おもてなし映えする「モダンなひと皿」まで

# 野菜のたのしみ

## ── 私の野菜料理 *133* ──

山脇りこ

# 山脇りこ流野菜の扱い方

野菜をおいしく料理するために、まず私がお伝えしたい4つのポイントがこれ。
小さなひと手間とコツで、野菜のフレッシュさを保ち、おいしさを引き出します。

## 1 葉野菜は生き返らせてから使う！

野菜の種類によって、シャキッと生き返らせる方法があります。生で食べる時はもちろん、炒めたり煮たりする場合でも、このひと手間をかけるとおいしくなります。

### 茎の細い葉野菜

みつばやパクチーなど茎の細い葉野菜は、茎の半分くらいまで水に浸して、茎全体を濡らしたペーパータオルなどで覆って5〜10分置く。

### 球状の葉野菜

レタスなど球状の葉野菜は、切り口を薄く切って、深さ1〜2㎝の水に浸しておく。このとき水が多いと葉がビショビショになるので、水は入れすぎないようにする。

### 青菜

ほうれん草などの青菜は、株が浸るくらいの水に10〜20分浸す。

## 2 野菜料理は、水分のコントロールがキメ手！

野菜を料理するうえで、とても大切にしているのが、水分のコントロール。水っぽい料理はおいしくないからです。そのために、必要に応じてしっかり水をきったり、塩を使って野菜から水分を出したり、逆にオイルなどで野菜から水分が出るのを防いだりします。野菜の種類や、どんな料理かで方法は違います。代表的な例を紹介します。

### 葉野菜は優しく水気をきる

サラダ用などの葉野菜は、洗ったらペーパータオルなどを敷いたざるに入れて軽く水気をきる。

ペーパータオルを外してボウルをかぶせ、手でふって水気をしっかりきる。

### 塩で水分を出すふり塩

トマトなど、塩もみできないけれど水分を出したいときは塩をふって10分ほど置き、出てきた水分を捨てる。塩の量は野菜の重さの約2〜5％。

### 塩もみ

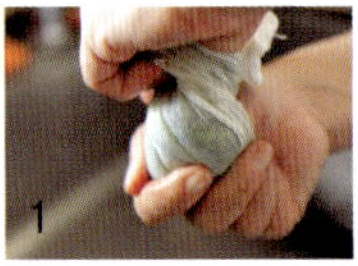

きゅうりや大根など薄切りの野菜に塩をふってからめ、そのまま10分ほど置く。水分が出ているのを確かめて、軽くもみ洗いしたらさらしなどに包んで水気をしっかり絞る。塩の量は野菜の重さの約3％。

### 野菜から水分が出るのを前提に調味

南蛮漬けやマリネなど、調味液に漬けている間に野菜から水分が出るのを前提に、少し濃いめに味つけをするという方法があります。時間とともに調味液となじみ、食べるころにちょうどよい味になるのがベスト。p.19「きゅうりと鯵の南蛮漬け」参照。

## 3 サラダはオイルファースト、そして手で和《あ》える

グリーンサラダ。私はシンプルに、オイル、酢（レモンなど）、塩（しょうゆなど）＋スパイスで和えてもりもり食べます。そのときの鉄則は「オイルが先、塩は最後」。しっかり水気をきった野菜を、まずオイルでコーティングすることで、水っぽくなるのを防ぎます。水気を呼び起こす塩は最後に。あらかじめ合わせておいたドレッシングの場合は、食べる直前にからめます。そして、手で和えます。手なら、最小＝適正な量をむらなく全体にからめることができます。ドレッシングとは、服をまとうという意味。上手にまとわせれば、べちゃっとしない、食べるときも野菜が立っているサラダになります。

洗って水気をきった野菜をボウルに入れて、オイルを回しかけて優しく混ぜる。

## 4 保存の仕方でフレッシュさをキープ

とにかく、早く料理するのがいちばんよいのですが、適した保存法によって延命させることもできます。たとえば、かぶのように葉と根がついている野菜なら、葉と根を切り分けて保存します。葉つきのままだと、葉が根から水分や養分を吸い取って味が落ちてしまいます。また、いも類や玉ねぎ、かぼちゃは、風通しのよい冷暗所での保存がおすすめです。

**乾燥が苦手な野菜**

ブロッコリーなど乾燥が苦手な野菜は、濡らしたさらしなどをかたく絞って包み、ビニール袋に入れて冷蔵庫で保存を。

**繊細な葉野菜**

ハーブやベビーリーフは、洗って水気をきり、ペーパータオルなどでふわっと包んで保存容器などに入れて冷蔵庫へ。ふんわり包むのがポイントで、2日間は新鮮さをキープ。

# Contents

## 根を食べる野菜



本書の使い方

●1カップは200mL、大さじ1は15mL、小さじ1は5mLです。
●「少々」は、親指と人差し指でつまんだ約小さじ1／8、「ひとつまみ」は親指、人差し指、中指でつまんだ量です。
●電子レンジでの加熱時間は600Wを基準に表しています。また電子レンジやオーブン、オーブントースターは機種により加熱時間が異なりますので、様子を見ながら加熱してください。
●野菜を洗う、皮をむくなどの下準備は一部省略しています。
●オーブントースターは、1000Wのものを使用しています。
●レシピに酢と書いてあるのは、米酢のことです。米酢や、レシピに明記してある酢がない場合はお手持ちの酢をお使いください。
●作り方にある「紙ぶた」は、クッキングシートなどをふわっと覆うようにのせた、食材へのあたりが柔らかい落としぶたです。

# 実を食べる野菜

# トマト

　20年以上前、スペインに行ったとき、トマトの甘さにびっくり。畑を見たら土がからからに枯れていて、またびっくり。やせた土地のトマトは自分で頑張るから果肉がかたく筋肉質で甘い、と学びました。

　私は長崎県西海《せいかい》市の農家さんから毎年、旬の5月に取り寄せています。品種は一般的な桃太郎ですが、皮がぱつんぱつんにはっていて、実は締まっていて、甘み、うま味が強い、ほれぼれするトマトです(この写真)。塩害にあった年に意外にもトマトが甘くなったのをきっかけに、土作りを見直されたそう。違う野菜かと思うほど、個体差が大きいトマト。盛夏から秋冬にかけては水っぽくなるので、塩をふって水分を抜いたり、加熱したりして使っています。

　そして、うま味成分グルタミン酸が多いことも、世界の料理で重宝される大きな理由。だしがわりになる、と常に頭の隅っこにおいて、どんどん活用しましょう。そう、味噌汁《みそしる》にもおすすめです。

**栄養**

赤色の色素成分リコピンやビタミンC、β《ベータ》-カロテンが、強い抗酸化作用を発揮。肌荒れやシミにも有効です。

## トマトと桃とモッツァレッラ （→p.106）

20年ほど前にミラノで出会った組み合わせ。かため、小さめの桃が合います。

## トマトと青じそと松の実のサラダ （→p.106）

トマトと青じそ、子供のころからの私の定番。冷たくしてどうぞ。

## トマトとプラムの食べるガスパチョ（↓p.106）

甘酸っぱいトマトとプラムで、
いつもとちょっとちがう
スペインの冷製スープに

## トマト×トマトカレー（↓p.107）

トマト×ミニトマト
トマトづくしの甘酸っぱいカレー

# トマトと鰯《いわし》のティアン（重ね焼き）

（↓p.107）

トマト、じゃがいも、鰯。
相性のよい３つを重ねて焼いた、
夏のおもてなしにテッパンのひと皿。
鰯は先に焼いておいて、
くさみを取るのがポイントです

# なす

東京に来て、驚いた野菜の代表。ふるさと長崎では、なすびと呼び、25㎝ほどの長なすが主流だったからです。水分が多く皮も実も柔らかく、焼くととろっとろになります。その後、最大産地である新潟の市場で15種類くらいが並ぶのを見て、おお、なんと種類の多いことかとあらためてびっくりしました。

毎年取り寄せているのは4種。水なす（大阪泉州《せんしゅう》農協から。夏のりんご呼んでいて、生で）、京都の賀《か》茂《も》なす（京野菜農家岩市さんのものは、芸術的美しさ）、萩《はぎ》たまげなす、熊本赤なす（ともに焼きなすにしたら、メイン料理に）。

傾向として、小さなものほど身が締まってかため、大きなものはふわっと柔らかい。いずれも水分が命、しなびてしまったらおいしくありません。見た目ではわかりにくいですが、鮮度で味に大きな差が出ます。買ってきたらできるだけ早く料理しましょう。

蒸しなすはわが家の人気メニュー。とろとろの食感に毎回感動します。いちじくも蒸すとおいしい。ぜひ一緒に

## 蒸しなす・蒸しいちじく (↓p.108)

**栄養**

皮の紫色の成分ナスニンには、目の働きや目の疲労を回復させる作用をはじめ、活性酸素の働きを抑えるなどの効果があるといわれています。

表面がこげるまで、じっくり焼くのがおいしさのコツ。なすの種類にもこだわってみてほしい

## 焼きなす (↓p.108)

## なすの揚げびたし （→p.108）

なすでいちばん好きな料理かもしれません。
なすは新鮮であればあるほど、
切り目が細かくきれいに入ります。
しっかり味をしみさせて、
夏の作り置きに

## なすのフムス （→p.109）

焼きなすで作るふわふわのフムス。
オイル控えめで、いくらでも食べられます

## なすとピーナッツの焼きうどん

（→p.109）

ベーコンの脂でなすを炒めた、うま味たっぷりの焼きうどん

## 米なすの田楽グラタン

（→p.109）

フライパンでできるのがうれしいところ。米なす、八丁味噌、チーズ、間違いなしの組み合わせ

# きゅうり

ヒマラヤ山麓が原産地とされ、3千年も前から栽培されてきたのだそう。私は、生より、塩もみして食べるのが好きです。いくらでも食べられます。酢豚や炒めもの、フリットなど加熱するのも変化球としておすすめ。

わりと日持ちすると思われていますが、鮮度で味が大きく違います。生で食べるなら、みずみずしく皮が張ったものをその日のうちに。ピクルスや浅漬け、塩もみ、南蛮漬けなど保存がきく料理も多いので、ともかく早く料理しましょう。夏の山形の寒河江《さがえ》で、もいですぐに食べたきゅうりの味が今も忘れられません。

**栄養**

90％以上が水分ですが、体内の余分な水分を排出する働きのあるカリウムが豊富。カリウムには、体内の不要な塩分を排出し、むくみの解消や血圧を正常に保つ働きがあるといわれています。

## きゅうりとわかめの酢のもの （→p.110）

夏、毎日でも食べたい定番の1品。
塩もみさえちゃんとできれば、
とってもカンタン。水気をしっかり絞るのがコツ

## きゅうりと帆立のセビーチェ （→p.110）

セビーチェは、レモンと塩が
ベースの和えもの。
ブラジルには専門店もあるそう。
おろしたきゅうりと帆立で、
アレンジしました

# きゅうり、長いも、アボカドのフリット（→p.110）

揚げたてフリットに、レモンをギュッ！
火が入ったきゅうりも大好き。
夏の午後、きりりと冷えた白ワインと

## きゅうりとしょうが、トマトのスープ

（↓p.111）

叔母からスタートし、母の姉妹全員、
今やその子供たちまでが作るわが家の定番の味。
しょうがが決め手。残ったきゅうりの有効活用にも！

## きゅうりと鯵の南蛮漬け

（↓p.111）

きゅうりから水分が出るので、
濃いめの漬け汁に漬けます。
作っておくと心強い、揚げない南蛮漬け

# かぼちゃ・ズッキーニ

「冬至に食べると風邪知らず」といわれるほど栄養があるかぼちゃ。冬のほくほくしたかぼちゃはサラダやコロッケに、夏に出回る水分が多めのものは煮物にするのが好きです。最近はカットしているものが多いですが、丸ごとであれば、1か月は保存できます。切るのが大変という方は、1分ほどレンジにかけてから切ってみてください。

同じかぼちゃ科のズッキーニ。生でも食べられる、くせもない、色がきれい、皮が柔らかい、となんとも使いやすい野菜です。切り方で表情が変わるのも楽しいところです。

**扱い方**

かぼちゃは、カットしたものは種とワタから傷むので、種とワタを取り除いてから保存を。

**栄養**

かぼちゃのビタミンCはでんぷんに包まれているため、加熱しても壊れにくい。抗酸化作用の強いβ-カロテンも多く含まれています。

ズッキーニは味がしみやすいのも特徴。
生のズッキーニをレモンと塩で。
ただただ、シンプル。
お疲れの夏に食べたいサラダ

## ズッキーニのレモンサラダ

（→p.112）

焼いたかぼちゃにバターと塩をパラリ…。
素朴だけど、甘じょっぱくて止まらない温サラダ

## 焼きかぼちゃのサラダ

（→p.112）

## かぼちゃとキドニービーンズのいとこ煮風 （↓p.112）

先にゆでておいて、あとは味をからめるだけ。甘くないいとこ煮。ゆで大豆で作ってもおいしい

## ズッキーニの生ハム巻き （↓p.113）

縦に使ってみよう。ピーラーで薄く引いたズッキーニと生ハムを巻いて焼くだけ！

切り方で表情がかわるのも
ズッキーニの楽しさ。
しらす、パルミジャーノと組み合わせて
シンプルなピザに。
トーストにアレンジしても◎

## ズッキーニとしらすのピザ

（→p.113）

# ピーマン類

ピーマン、パプリカ、甘《あま》唐辛子、万願寺《まんがんじ》唐辛子など、辛くないけどすべて唐辛子の仲間。ときどき辛いものに当たるしし唐も。

子供のころ、独特な香りが苦手だったけど、大人になったらあの苦さをたまらない個性と感じるようになりました。なので、加熱は控えめに、ときには生でもいただきます。赤や黄色はその苦みがちょっと優しい。最近出てきた黒も、魅力的です。

パプリカは肉厚で甘みがあるのが特徴です。色もきれいなので活躍の場が増え、よく生で食べます。最近は国産のものも多く、熊本で畑を見て美しさに感動しました。

栄養

ビタミンC、ビタミンE、β-カロテンなどを豊富に含み、美肌作りや疲労回復をサポート。葉野菜などにくらべて、加熱してもビタミンCが壊れにくいのが特徴です。

## 甘唐辛子のクリームチーズ詰め （↓p.114）

ラムレーズンの入ったクリームチーズを甘唐辛子に詰めて

## ピーマンの肉詰め （↓p.114）

切り口から詰めれば、ピーマンと肉だねが離れる悩みもなくなります。うま味と肉汁も逃げない。たくさん作ってお弁当にも

## ピーマンとキヌアのサラダ (↓p.114)

南米産のインカインチオイルと
ピーマンの香りが絶妙にマッチ。
同郷のスーパーフード、キヌアと合わせて

## 赤パプリカのスープ (↓p.115)

鮮やかなビジュアル系。甘みのある愛され味。
歓声が上がること間違いなし。
ゆるめにゼラチンを入れたらムースにも

ピーマンの切り方がポイント。
調味料は混ぜておいて一気に仕上げます

## 定番の青椒肉絲《チンジャオロースー》

（↓p.115）

パプリカは生でもおいしいので、
火を入れすぎないのがポイント。
花椒《ホアジャオ》をきかせて、味はきりっと

## パプリカと鶏肉の赤椒肉絲《チージャオロースー》

（↓p.115）

# 春の豆類

## ～そら豆・グリーンピース・いんげん・スナップえんどう

そら豆、グリーンピース、いんげん、スナップえんどうなど、春先から初夏にかけては緑の豆類がおいしい季節。私は、関西のグリーンピースともいうべき、うすいえんどう豆（淡い優しい味）に魅せられ、毎年和歌山から取り寄せしています。

そら豆はさやごと焼くのが定番、スナップえんどうは切り方を変えてゆでたり炒めたり、グリーンピースは色を生かしてペースト、スープに。また、数種の豆を組み合わせるのも旬ならではの食べ方です。

### 扱い方

どれも鮮度が落ちやすいので、なるべく早く食べきる。とくにグリーンピースとそら豆は劣化が早いため、すぐ食べるか、さやつきで購入を。

### 栄養

スナップえんどうといんげんは、β-カロテンが豊富。そら豆はビタミン類やミネラル類をはじめ、たんぱく質も豊富。

# いんげんの和えもの4種

（→p.116）

「和えもの界のアイドル」と私が呼んでいる、いんげん。水分が少なめで、色もきれい、香りも優しく、何と和えても、ぴたっと決まります。棒状、斜め薄切り、と切り方をかえてみるのもおすすめ。

## ごま和え

少し酢を入れるのがポイント！
黒ではっきりもよし、
白で優しくもあり

## 海苔《のり》和え

グルタミン酸
豊富な海苔で、
カンタンささっと

## 白和え

和え衣多め、
が大事なコツです

## ガドガドソース和え

ピーナッツが効いたインドネシア風のタレで

## スナップえんどうとたけのこの塩炒め （↓p.117）

斜めに切ってみると、中から豆が顔を出して得した気分。シンプルな塩炒めで

## そら豆と厚揚げの豆板醤《トウバンジャン》炒め （↓p.117）

そら豆から作られる豆板醤。いわば、とも炒め。とってもよく合います

グリーンピースのペーストで、
3種類の春の豆を和えました。
緑一色の、目と舌で春を
楽しむサラダです

## 春の豆のサラダ （↓p.118）

## うすい豆と新玉ねぎのスープ （↓p.118）

春に旬を迎える野菜の出合いを、すっきりと味わう

## グリーンピースのふわふわ卵（黄色） （↓p.119）

卵がかんたんにふわふわになって、冷めてもかたくならないのは、マヨネーズの力。豆にも合うので、使わない手はなし

## グリーンピースのふわふわ卵（白） （↓p.119）

卵白だけにすると、目に鮮やか。新鮮！ということ

春といえばちらし。
旬の豆にひと手間かけて、
すし飯に混ぜた、
ベジで乙な、新顔おすし

## 春の豆のすし （→p.119）

# アボカド

「森のバター」と呼ばれる果実。選ぶのが難しい、とよく思います。外皮の黒い色で判断、少しさわってかたさで、と聞きますが、加えてお値段も判断基準になるのかな、と感じます。

ヴィーガンやロー（48℃以上加熱しない）、パレオ（狩猟時代から食べていたものを食べる）、糖質制限、といったさまざまな健康志向の食べ方が人気のNYで、どんな主義の人でも食べてOKなアボカドは大人気。結果、アボカド料理は百《ひゃっ》花繚乱《かりょうらん》。いろいろ回って、いも類のかわりになる、クリームのかわりになる、油脂のかわりになる、そして腹もち抜群、と学びました。

### 扱い方

常温だと熟度が進むため、完熟後は冷蔵庫で保存を（かたいものは常温でしばらく置くとよい）。

### 栄養

コレステロール値を下げる働きがある、オレイン酸やリノール酸がたっぷり。

## アボカドコロッケ （↓p.120）

アボカドのおかげでまるでクリームコロッケのよう。しかもヘルシー。シンプルに塩で味わいたい

## アボカドと鮪《まぐろ》のポキ （↓p.120）

湯引きした鮪とアボカドをコチュジャンだれで和える定番。ご飯にのせても

豆腐とアボカドで作る滑らかな
クリームは、NYで出合って以来、週に1回は作っているかも。
ものすごく簡単で、アレンジ自在。
いちじく、ブルーチーズと合わせて、おもてなしのサラダに

## アボカドクリームといちじく、ブルーチーズのサラダ

（→p.121）

## アボカドクリームとさつまいもの前菜 (↓p.121)

ゆでただけのさつまいもに、アボカドクリームを添えて。
クリームのほんのり塩味がさつまいもの甘みを引き出して、
みんなに人気のひと皿です

# 夏の元気野菜

## ～とうもろこし・ゴーヤー・枝豆・おくら

　ある夏、実家に元気に育つゴーヤーがあって、なんと簡単にできるんだ！と。栽培されている方も多いかと思います。ワタが苦いと思われていますが、食べてみると、ワタや種は苦くありません。とくに完熟してオレンジ色になったものはむしろ甘みを感じます。お好みでそのままどうぞ。毎回、輪切りにしてしまわずに、さまざまな切り方で違う表情と味わいを楽しみましょう。

　とうもろこしは晩春から北上してくるのが売場を見ているだけでもわかり、季節を強く感じます。外皮をつけたまま焼くか、蒸すのが定番です。むかないほうがしっとりと仕上がります。

　枝豆も、私は焼くことが多い野菜。グリルで5～6分焼いていただきます。

**栄養**

　枝豆には疲労回復を助けるビタミン$B_1$が、ゴーヤーには胃液の分泌を促進する苦み成分モモルデシンなどが豊富。とうもろこしは糖質ほか、鉄や亜鉛も含み夏バテ予防にも。

# ピーナッツをからめたゴーヤーととうもろこし

（→p.122）

ゴーヤーはワタごと。
ワタは苦くないと気づきます。
粗いピーナッツとごま、
ひじきのパウダーをからめると、
1本ぺろりと食べられます

## ゴーヤーと枝豆の甘くない白和え （→p.123）

なにより、美しいグリーンが白い和え衣に映えて、
ゴーヤーとは思えない上品さに。
甘くせず、ほんのり苦みを楽しむひと皿

## 夏野菜のモロッコ風サラダ （→p.123）

味はレモンと塩、ほんのりクミン。
下漬けしてフューシャ
ピンクになった
赤玉ねぎが、味にも、
目にもアクセント

## 夏野菜豆腐 （↓p.124）

夏野菜を、炒めてオン。
そうめんやパスタに合わせても

# ゴーヤー、おくら、豚肉の煮物

（↓p.124）

ゴーヤーは食べごたえのある切り方にして、
こっくりコクのあるおかずらしい煮物に。
おくらのとろみ、豚のうま味で、だしいらず。
すぐ作れます

## とうもろこしともやしのあんかけ丼

（↓p.125）

とうもろこしの甘み、もやしの
しゃっきり感にハマるカンタン丼です

## ずんだ白玉

（↓p.125）

甘いシロップを、すりつぶした枝豆（ずんだ）と
合わせて作ります。
白玉にのせて夏色おやつに

# 作り置きおかず （↓p.126～127）

・木の芽オイル漬け　2種
・ラペ　3種
・甘酒辛味噌漬け（キムチ風）2種
・酢じょうゆ漬け　1種

その1

かぶとにんじんの即席酢じょうゆ漬け

ごぼうとフェタチーズのラペ

たけのこのオイル漬け

ラディッシュと大根のキムチ風

ビーツとくるみのラペ

白菜とりんごのキムチ風

にんじんと干しぶどうのラペ

新じゃがいものオイル漬け

# 葉を食べる野菜

# キャベツ

キャベツはうま味成分が多く、煮込むことでだしがわりに。キャベツたっぷりで作るスープはだしいらず、たくさん食べられます。ザワークラウトとして知られるキャベツを乳酸発酵させたドイツの保存食は、フランスやオランダはもちろん、なんと中国やベトナムでも出合いました。食の知恵は世界共通。私もよく浅漬けを作り常備しています。

ゆるく葉が柔らかい春キャベツはとくにおすすめ。まずはせん切りにして生で。葉がちぢれたサボイキャベツ（柔らかくて、味がしみるので煮込みに最高！ビジュアルもよし）や、黒キャベツ（カーボロネロ、意外にクセは強くない）を作る国内の生産者も増えています。

## 栄養

ビタミンCと食物繊維が豊富。ほかに、キャベツから発見されたことからキャベジンとも呼ばれるビタミンUを含み、胃酸の分泌を抑え胃腸の粘膜の修復などの作用をします。

# キャベツの和えもの4種

（↓p.128）

## 〜ゆでて和える

ドライクランベリーを酢でもどして

### キャベツのオレンジ＆クランベリー和え

この組み合わせがたまらないおいしさ

### キャベツとアボカドのおかか和え

## 〜塩もみして和える

ココナッツオイルの香りが、ハワイな気分で、甘くトロピカル

### ワイキキコールスロー

バジルと合わせて、気の利いた大人の味に

### ミラノコールスロー

## 2種のロールキャベツ （↓p.129）

中に巻くものは、手間いらず。
しわしわちりめん状で味がしみやすい
サボイキャベツと、
葉っぱの長～い黒キャベツで、
表情の違う2種のロールキャベツを

チキン巻き

ベーコン巻き

うま味成分が豊富なキャベツを
たっぷり入れて、だしを使わずに作る豚汁。
甘みのキメ手は、さつまいも。
キャベツのかわりに白菜で作っても

## キャベツ豚汁 （↓p.129）

# 青菜

## ～ほうれん草・春菊・青梗菜《チンゲンサイ》

青菜は地域によってさまざま。たとえば、関東の春菊にはかたい茎がありますが、九州の春菊はほぼ葉だけ。だから全部柔らかい。関西では、菊菜と呼んでいて、こちらも柔らかい葉が身上。また私が子供のころは、ふるさと長崎では小松菜にはなじみがなく、高菜や唐人菜《とうじんな》をよく食べました。ここでご紹介している料理も、いつも食べている青菜で作ってもらえたらなによりうれしい。旅先で「地域の菜っ葉」を試してみるのもおすすめです。「地域性」がなくならないことを願っています。

一般的に、柔らかい葉の部分が先にしなっと弱ってしまいます。そこで葉と茎を分けて使うのも賢いやり方。葉は大ぶりに切ってさっと炒めて、茎は次の日に、細かく刻んでご飯に混ぜる、など。料理の幅も広がります。

**栄養**

鉄分が豊富なほうれん草、β-カロテンたっぷりの春菊は、冬の「食べる風邪薬」といわれるほどです。

# 2種のキッシュ （↓p.130）

チーズをWで使い、青菜メインでも濃厚な味わいに

## ほうれん草とWチーズのキッシュ

セルフィーユをのせて

## かぼちゃのキッシュ

# 春菊とオレンジのサラダ （↓p.131）

ほんのり苦みのある春菊に、
甘酸っぱいオレンジの果肉を
合わせた大人のサラダ。
ドレッシングにもオレンジの
果汁を入れて

## 青梗菜と厚揚げのさっと煮

(→p.131)

オイスターソースでかんたん味つけ。
ふだん着のお惣菜

## 春菊とエビのむちむちゆで餃子《ギョウザ》

(→p.131)

ワンタンの皮を
2枚重ねて、
手作り水餃子のような
むちっと感を

# アスパラガス

国産の立派なホワイトアスパラガスが登場したときは感動でした。とくに佐賀産のものは今やフランス産にも負けないすばらしさ。陽に当てたらグリーンになるところを、遮光して育てればホワイトに。かつては根株の上に盛り土して遮光し、夜明け前に収穫していたそう。最近は遮光フィルムを貼ったハウスが主流と聞きますが、なにしろ人の手がたくさんかかっている贅沢《ぜいたく》野菜です。とりわけ太目ちゃんがおいしい。定番中の定番ですが、半熟卵と合わせるのが大好きです。

白も緑も、筋は皮と考えて。丁寧にむけば、洗練された食感と味に。むかずに使うと野性味と独特の香りがしっかり楽しめます。ご飯に炊き込むときなどはそのまま、ぜひ。

### 栄養

グリーンアスパラガスには、名前の由来でもあるアスパラギン酸がたっぷり。新陳代謝を活発にし、疲労回復や「だる重《おも》」解消効果が期待できます。

## アスパラガスのスパニッシュオムレツ （↓p.132）

アスパラガスを2つの切り方で使います。
相性のいい卵と、たっぷり食べましょう

## アスパラガスの湯葉《ゆば》あんかけ （↓p.132）

洋風イメージのアスパラガスですが、
乾物の湯葉を使ったあんで、
和風にいただきます

## 2種の春巻き、アスパラガスとにんじん

(↓p.133)

アスパラガスだけ、にんじんだけ、のシンプルな春巻。少ない油ですぐにできるので、少量作るのもおすすめです

## 白アスパラガスのミントマリネ

(↓p.133)

子供のころに食べた缶詰のアスパラガスのように、しっかり筋を取ってソフトにゆであげ、レモンとミントで爽やかにマリネします

アスパラガスのかたい部分は
米と一緒に炊いて、上半分は
グリルしてトッピング。
目玉焼きをくずしながら、
ハフハフ召しあがれ！

# アスパラガスとごぼうの炊き込みごはん （↓p.133）

# 白菜

薬膳料理では、白菜、大根、豆腐を合わせて「養生三宝《ようじょうさんぽう》」と呼び、冬の体調管理や免疫力アップによい食べ物とされているそう。加えて白菜はグルタミン酸＝うま味成分も多いのでだしがわりに。スープや漬物（日本の白菜漬けや、韓国のキムチなど）によく使われるのは理にかなっています。丸ごとひとつ買ったら、ざっくり4等分して、フライパンで焼く、浅漬けにする、スープにする、肉と蒸す…と意外に使いきることができます。焼くのは私のお気に入りです。

## 扱い方

ずっしりと重みがあり、葉がしっかり巻いたものを選んでください。日に日に水分が抜けていくので、購入後は早めに料理して。

## 栄養

冬の風邪予防に欠かせないビタミンC。白菜のビタミンCが最も多いのは、外側の色の濃い葉です。また、余分な塩分を排出し、むくみや高血圧の予防が期待できるカリウムも含有。

フライパンひとつで、
相性の良いクリーム煮を作ります

# 白菜のクリーム煮

（→p.134）

## 白菜上の豚ばら蒸し

（↓p.134）

白菜の上半分だけ使います。
こちらは蒸して

白菜の柔らかいところと
かたいところを
それぞれ生かして……

白菜の下半分のかたい部分だけを使います。
こちらは焼いて

## 白菜下のひき肉はさみ焼き

（↓p.134）

## 白菜のスープ2種 （↓p.135）

グルタミン酸たっぷりの白菜は、スープの王様野菜と呼んでいます。うま味たっぷりでだしいらず

### 白菜の赤いスープ、酸辣湯《サンラータン》

### 白菜と卵の白いスープ

# ブロッコリー・カリフラワー

ブロッコリーもカリフラワーも、キャベツの仲間。円すい形のつぼみがユニークなロマネスコ、紫やオレンジなどの新品種も。ただ、オレンジ色や紫色はゆでると色あせてしまうので、色を楽しみたかったら新鮮なものを生か、さっと焼いて。

ブロッコリーは抗酸化作用が強くデトックス効果も高く、栄養バランスに優れ、毎日でも食べたい野菜。その芽であるブロッコリースプラウトもおすすめです。ゆでる以外の食べ方が…という声をよく聞きますが、まずは、切り方をかえて焼いてみてください。茎はせん切りにして塩もみしてもおいしいです。

## 扱い方

ブロッコリーとカリフラワーは鮮度が落ちてくると先端が変色するので、すぐわかります。買うときもよーく見て。そうなる前に、とにかくゆでる。ピクルスにしたり、使いきれない場合は冷凍もできます。生のまま酢じょうゆに漬けても（p.126「即席酢じょうゆ漬け」参照）。

# 焼きブロッコリーとカリフラワー （↓p.136）

縦に切ってみたら、
小さな木になりました。かぶも一緒に、
ただじっくり焼いて塩をひとふり。
滋味滋味、うまい

**栄養**

ブロッコリーのスルフォラファンは注目の栄養素。高い解毒作用や抗酸化作用があり一部のがんの抑制効果もあるのでは、といわれています。カリフラワーにはビタミンCが多く、その量はキャベツの約2倍ほど。

## ブロッコリーのおじや （↓p.136）

ここは、ゆですぎ上等！です。
クタクタッと煮て、たくさん食べましょう。
減った栄養素はブロッコリースプラウトで補強して

## 2種のピクルス （↓p.137）

万能なピクルス液をご紹介します。
なんでも漬けちゃってください

### ブロッコリーの茎

捨てがちな茎を
白ワインベースに
して漬ける

### カリフラワー全部

茎も捨てずに、
赤ワインベースに
してピンクに
漬ける

# ブロッコリーのメンチカツ（→p.137）

クタクタにゆでたブロッコリーを
た〜っぷり入れた、
ふっくらジューシーなメンチカツ。
冷めてもおいしいから、
お弁当のおかずにもぴったりです

# いまどき葉野菜

## ～クレソン・ケール・パクチー・ルッコラ・スイスチャード・ロメインレタス・みつば

アメリカやヨーロッパの市場に行くと、不断草《ふだんそう》系（ブレット、スイスチャードなど外見も呼び名もさまざま）と、ケール系（いわゆる黒キャベツもケールの一種）が多いなあ、と感じます。それが日本の市場にもやってきました。葉も筋もかたくタフなので、加熱して食べることが多いです。茎は小口に切って食感をよくすると、トッピングやドレッシングにと使い道の幅が広がります。色を生かした使い方もできます。

パクチーの人気はいわずもがな。みつばやクレソンもかたい茎と葉を別々に使うことで表情豊かに。香りが身上なのでとにかく早く使いましょう。

**栄養**

ケールは、ビタミンC・Eをはじめ、カルシウムや食物繊維の宝庫。クレソンやルッコラにはビタミンCやβ-カロテンが、パクチーの香り成分には整腸作用や胃を健やかにする働きがあるといわれています。

（上）みつば、（中）ルッコラ、（右下）クレソン、（左下）パクチー

# スイスチャードとケール、グリルチキンのパワーサラダ

（→p.138）

スイスチャードの鮮やかな茎の色は加熱するとくすんでしまうので、細かく刻んで生で使います。

## 野菜たっぷりヤムウンセン （↓p.139）

タイ料理の定番ヤムウンセン（春雨サラダ）に、
きゅうりとセロリをたっぷり。
味は優しくしたので、
たくさん食べて

## そうめんフォー （↓p.138）

しじみでだしをとったスープに
香味野菜をたっぷりと

# ケールの肉包み （↓p.139）

ジュワッとうま味のある肉だねを、
ケールに閉じ込めて蒸し焼きに。
茎は刻んで肉だねに入れ、
葉は2枚重ねにして、
とにかくたっぷりいただきましょう

## ロメインレタスのアンチョビ炒め（→p.140）

シーザーサラダ以外の食べ方で。へたれない、しっかりした葉を生かし、ざく切りのままアンチョビと炒めて

## みつばと鯛《たい》のサラダ（→p.140）

たった5分で完成。切って混ぜるだけなのに、香り高く豊かなサラダ

ほろ苦いクレソンに、甘いりんごをプラス

## クレソンのサラダ

（→p.141）

パクチーとひき肉だねを混ぜながらどうぞ！

## パクチーのサラダ

（→p.141）

爽やかなルッコラにパルミジャーノをのせて

## ルッコラのサラダ

（→p.141）

# 玉ねぎ・長ねぎ

玉ねぎの甘み、うま味はみなさんのよく知るところ。フレンチのだし、フォンブランにも、ブイヨンにも欠かせません。私は毎年、地元長崎の島原《しまばら》と、淡路島《あわじしま》から取り寄せています。玉ねぎと新玉ねぎの違いは、収穫後乾燥期間をもうけているかどうか。早めにとってすぐに出荷されたものが新玉ねぎです。

アメリカで新ものの小さな白玉ねぎのおいしさに感激しました。日本でも、最近はサラダ玉ねぎという名前で売られているようです。一方同じ新玉ねぎでも、黄玉ねぎ系は辛みもばっちりあります。新玉ねぎ＝辛みが少ない、というわけでもないので注意。また、新玉ねぎは傷みやすいので、早めに料理しましょう。

なにより好きなのが、新旧ともに焼いて食べる！　甘みが際立ちます。

**栄養**

独特のにおいと辛みのもと硫化アリルには、新陳代謝を活発にして血液をサラサラにする働きが。有効成分が流出しないよう、さらすなら短時間で。

## 焼き玉ねぎとくるみのサラダ

（↓p.142）

じっくり蒸し焼きにして甘みを引き出した
うちではメインにするサラダです

## 長ねぎとクスクスのサラダ

（↓p.142）

クスクスはとってもカンタンなパスタ。
グリルでベーコンの味をしみさせながら
焼いた長ねぎと合わせて

## 玉ねぎのパイ (↓p.143)

炒めた玉ねぎと、ラムレーズンだけの大人のパイ。
シンプルだけどクセになる味

## 長ねぎのみかんマリネ (↓p.143)

長ねぎは、時間をかけてじっくり煮ることで甘みたっぷりに。
みかんと組み合わせれば、ザ・日本の冬の食材が、なんとも
あかぬけたマリネに

## 玉ねぎと鯖《さば》の酢じょうゆ煮 （→p.144）

下ゆでと、酢がたっぷりの酢じょうゆで煮ることで、くさみがしっかりとれて、みんなが食べやすい鯖料理に

## 玉ねぎと卵の甘煮 （→p.144）

玉ねぎと卵を砂糖で甘く煮た素朴すぎる煮物は、実家のまかない料理でした。今や、私の好物です

# 作り置きおかず（↓p.145）その2

## ピーマンのマリネ

緑のピーマンもいくらでもイケます。しょうゆベースの和風マリネ

## さつまいものレモン風味

試行錯誤して、たどり着いたレシピ、ぜひこれで作ってみて

## 玉ねぎの粒マスタード煮

玉ねぎはくし形に大きめに切って食感を残し、調味は粒マスタードだけ。パスタにしたりサラダに合わせたり、万能な作り置きです

## じゃがいものトマト煮

トマトのうま味と水分でじゃがいもを煮込みます

# 根を食べる野菜

# いも類

じゃがいもといえば北海道ですが、わがふるさと長崎も全国2位の収穫量を誇る大産地。母がみつけてきたすばらしきじゃがいも生産者さんを訪ねたときの、赤土がどこまでも広がる景色、土の感触をよく思い出します。九州のじゃがいもの特徴は煮崩れない種類が多いこと。選ぶとき、味もさることながら、まずは煮崩れる、煮崩れないが大きな分岐点です。北あかりや男爵はほろほろと煮崩れるおいしさ、メークイーンやインカのめざめなどは、煮崩れずしっとりすいつくような食感です。

さつまいもは、大人になって好きになりました。サラダやスープに甘みを足したいときにも重宝します。

## 栄養

じゃがいもはビタミンCが豊富。さつまいもはいも類の中ではトップクラスの食物繊維を含有。里いもや長いものぬるぬる成分ムチンには、免疫力を高める効果があるといわれています。

# いろいろ根菜のエチュベ（蒸し煮）

（→p.146）

6種類の根菜を食べやすく
切って蒸し焼きに。
シンプルにして豪快なひと鍋は、
ふたを開けた瞬間、
歓声が上がること間違いなし

## 定番の肉じゃが （↓p.147）

だしは使わず、肉のうま味を存分に吸わせて、
うまうまのじゃがいもに。
お好みに合わせて、同量の豚肉でもどうぞ

## ひき肉バター肉じゃが （↓p.147）

ひき肉で作る、
バター風味の肉じゃが。
新じゃががよく合います。
食べ飽きないあっさり味

## 里いものドーフィノア（グラタン）

（↓p.146）

フランスのドーフィノア地方の
郷土料理を、里いもでアレンジ。
じゃがいもでも、長ねぎでも

## むかごごはん

（↓p.146）

むかごって加熱すると
独特な香りがしますよね。
あれが、なんともいいんです。
塩だけで、シンプルに炊きます

# れんこん

穴が開いていて「先が見通せる」縁起物としてお祝い料理には欠かせません。「蓮根」と書きますが、実際は蓮《はす》の根ではなく、地下茎がふくらんだものです。しゃきっとした食感を残すように料理するのが好きで、焼きれんこんは毎日でも食べたい。

切ったときの鮮烈なまっ白と、しゃきしゃき感、加熱したときのむっちりさにほれて、毎年12月〜2月に佐賀の福富《ふくどみ》れんこんを取り寄せています。加熱で色が変わるのを気にする方もいますが、アクも味のうち。私は切ったら水に浸けるくらいで、そのまま使うことが多いです。

## 扱い方

祝い事など白く仕上げたいときは、下ごしらえで酢水につける、調味料は薄色のものを使う、など気をつけます。

## 栄養

ねばねば成分のムチンが胃壁を保護し、消化不良の解消や食欲増進に効果を発揮。ビタミンCも豊富で、みかんの1・5倍も含まれています。

# れんこんごはん （→p.148）

バターじょうゆで
炒めたれんこんをさくっと混ぜて。
2つの切り方で、シャキシャキ、むちむち、
いくらでも食べられるキケンなごはんです

# 焼きれんこん5種 (→p.148・149)

れんこんは焼くのがいちばん好きです。無限にある「焼きのレパートリー」の中から、厳選した5つを。切り方もポイントです

## ブルーチーズ焼き

クセのあるブルーチーズがれんこんを引きたてます

## トマト黒こしょう焼き

先にトマトを焼いてからめます

## 梅じそ焼き

相性抜群の梅干しと。
青じそたっぷりがおいしい

## 甘酢焼き

かみごたえがあり味がからみやすい切り方で。
甘酸っぱさを味わって

## 山椒焼き

木の芽の香りが口いっぱいに広がります。
繊細な味なので、少し薄めに切って

# 大根

首の周りが緑色の青首《あおくび》大根が主流ですが、中がピンクの紅芯《こうしん》大根や外側が紫色の紫大根、黒の黒大根などいろいろな種類があります。なにより大根おろしが好きで、紅芯大根をおろして使うのも楽しい。そのままでもひと味違うし、サラダや和えものにと、料理の幅も広がります。大根は、一般的に中央は柔らかくくせがないので生食に、上下を加熱に使っています。まずはゆでて、少し塩を足したゆで汁に浸けておけば、大根ステーキやおでんに、いつでもすぐに使えます。

**扱い方**

葉つきで買ったら根と切り分けて。

**栄養**

消化酵素のジアスターゼを含み、胃もたれや胸やけの予防に効果大。熱に弱い酵素のため、大根おろしやサラダなど生で食べるのが有効。葉には、食物繊維やカルシウムが豊富。

## 紅芯大根ときんかんのマリネ（→p.150）

フレッシュな紅芯大根と、
ゆでたきんかんで作る
おもてなし向きの1品。
紅芯大根は、加熱すると
色があせるので
新鮮なものをぜひ生で！

## 大根とツナ、貝柱的サラダ

（↓p.150）

貝柱に見立てたのは、えのきたけの軸。
ツナのうま味とレモン、塩のあっさり味で

## 大根とにんじんの田舎煮

（↓p.151）

油で炒めてから煮汁をすっかり吸わせる煮方で、
だしなしでもおいしく。冬の常備菜にも

# 大根と牛すじの煮物 （↓p.151）

牛すじだけをただ、ただ、じっくりゆでるのが大事。
大根は大きめに切って、たくさん入れて、
煮汁がしみた滋味をたっぷり味わいましょう

# ごぼう

海外に住んでいる日本人が食べたくなる野菜は、ごぼうとみょうが、とよく聞きます。私もそうでした。主に4～7月に採れる春ごぼうは、みずみずしく、柔らかく、香り豊かなのでサラダや和えものに。熊本・菊池《きくち》の「水田ごぼう」をよく求めます。

冬のごぼうは、繊維もしっかりしていて、香りも強くワイルドなので、煮物などに。存在感があるバルサミコ酢やブルーチーズなどと合わせても負けることなく、引き立て合ってくれるので赤ワインのあてにも。

## 扱い方

皮の近くに香りやうま味があるので、皮をむかずに使うことが多いのですが、祝い事などで白くしたいときや、香りを抑えたいときは皮をむき、酢水に浸します。

## 栄養

豊富な食物繊維が、便秘解消や整腸作用、血糖値の急上昇の抑制に効果的。また、アクには抗酸化作用の強いポリフェノールが含まれます。

九州人の私には定番中の定番。
材料は、ごぼう、にんじんが入れば、
あとはあるもので。
味がしみにくいこんにゃくも切り方を工夫して
全部一緒に炊きます

## 筑前《ちくぜん》炊き （→p.152）

## ごぼうサラダ （→p.152）

かつてものすごく流行ったごぼうのマヨサラダ。
ごま油で作ったＭＹマヨネーズで
あらたな魅力を

## ごぼうのエチュベ（蒸し煮） （→p.153）

ごぼうをバルサミコ酢としょうゆで蒸し煮に。
れんこんで作るのもおすすめです

ひりょうず、飛竜頭、
つまりがんもどき。自家製は格別です。
かき揚げを作るようなつもりで、
好きな野菜を組み合わせて

## 2種のひりょうず（飛竜頭）（→p.153）

# かぶ

柔らかできめが細かいサラダかぶや赤かぶ、あやめかぶなどたくさん品種があります。あるフレンチレストランでは、定番料理として1年を通じて必ず出すのがシンプルに焼いたかぶ。すべて国産で、いつも日本のどこかで栽培・収穫されているとか。私も、鉄のフライパンで葉も一緒に焼いて食べるのが、いちばん好きです。

春の七草のひとつ「すずな」は、かぶの別名。昔から、かぶの葉を食べていたことがうかがわれます。炒めたり煮たりして、残ったら小口に切ってオイルに漬けておいてパスタに、冷奴に、と使いきりましょう。

冬の風物詩、かぶらむしや、鶏の炊きもの、千枚漬けなど、和食にもなくてはならない野菜です。

## 扱い方

葉と白い根は切り分けて保存を。葉は、濡れたペーパータオルなどに包んでからビニール袋に入れて保存すると、フレッシュさが長持ちします。

## かぶのグラタン

（→p.154）

かぶの葉って、
かぶの香りや味が
凝縮している
部分だなあと思います。
どちらも使うことで、
かぶ感120％のグラタンに

## かぶとトマトのラザニア

（→p.154）

こんがり焼いたかぶと
トマトの下に、パスタがわりに、
がっつりうまいミートソース。
混ぜながらいただきます

**栄養**

白い根の部分には、消化を促進するジアスターゼが含まれ、葉にはビタミン類がたっぷり。葉は、根の10倍ものカルシウムを含んでいます。

## かぶとりんごのココット焼き （↓p.155）

焼くとおいしい、
フォルムが似た２つを
甘じょっぱい蒸し焼きに

## かぶの梅蒸し （↓p.155）

かぶら蒸しに代表される、
おろしたかぶのとろみ。
もっとかんたんに
楽しみましょう。
２つの異なる食感を、
上品な蒸しもので

## かぶと鶏肉の煮物

（↓p.155）

かぶと鶏もも肉の、
シンプルで幸福な出合いに
感謝したくなる母の味。
奇をてらわない味つけで
作り続けたい煮物です

# にんじん

3～5月ごろに出回る新にんじんは柔らかく、生食やみんな大好きキャロットラペに。秋冬に収穫されるものは水分が少なく締まっているので、煮物やスープに向いています。にんじんは、あのクセのある味と香りが持ち味。最近は凡庸な味のものもありますが、私はいつもワイルドなにんじんを探しています。蒸すだけ、炒めるだけ、の食べ方がそのワイルドさをいっそう感じさせてくれます。オーガニックのものも多く作られていて、入手しやすいので日々いろいろ試しています。

## 栄養

免疫力を高める、肌を丈夫にするなどの働きがあるβ-カロテンの含有量は、野菜の中でもトップクラス。一方、ビタミンCを壊す酵素を含むため、ビタミンCを多く含むほかの野菜と食べるときは、酢やレモン汁をかけて酵素の働きを止めるか、加熱して使いましょう。

にんじんをじっくり、
じっくり、冷たいところから、
じわじわ、ただ蒸すだけ。
私の大好きな食べ方です

## 蒸しにんじん

（↓p.156）

## にんじんと長いものジョン （→p.156）

味つけは、薄い塩味だけ。潔いほどのそっけなさがチャームポイントです

## にんじんの梅干し炒め （→p.156）

にんじんを梅干しで炒める。じつは小学生のときからの大好物。みなさんも、きっとはまります

## にんじんと2色のディップ

（↓p.157）

明太子、くるみ、2つのディップで
生にんじんを豪快にパリッ！
ほかにもいろいろ使えます

## キャロットケーキ

（↓p.157）

スパイスを利かせた
世界の定番ケーキ。
「せん切り」と
「すりおろし」で、
にんじんをもっともっと
感じる味に

# ビーツ

ビーツを見ると、英国出身のシェフが「子供のころは毎日ビーツを食べていたから好きじゃない」と眉間にしわを寄せて話していたことを思い出します。いつも生をスライスか、乱切りでスープか、炒めるかだったそう。たしかに独特の土の香りがして、味が好きという人は少ないかもしれません。でも…この色！フューシャピンクにオレンジ、赤、と天然色の美しさに魅せられます。「食べる天然輸血」と呼ばれるほど滋養のある野菜。私はこの色を生かして、赤じそのかわりにしょうがと甘酢に漬けて紅しょうがを作ったり、大根と漬けてピンクにしたり、色づけにも使っています。

## 栄養

血行を促進する働きのあるNO（エヌオー）と呼ばれる一酸化窒素を作るもとを含み、疲労回復や持久力&基礎代謝率アップなどの効果が期待できます。独特の赤い色、アントシアニンによるもので、抗酸化作用があります。

## LOVEビーツのサラダ

（→p.158）

ピンクに合わせるのは、黄色と赤。
ビーツの個性的な香り、
さつまいもの甘さ、
ラディッシュのほんのりした辛み。
複雑な味で、見た目も味もガーリーに

# やっぱり、スープでしょ。
## ～野菜は何でもスープになります

刻んだ野菜をだしや水でコトコト煮込んで作るスープは、たくさんの野菜をいちどに食べられるよい方法。滋養もあり簡単で、半端に残った野菜を食べきれるのでよく作ります。

朝食用などあっさり仕上げたいときは、水で煮てシンプルに。夜ごはん用などしっかりした味にしたいときは、だしや牛乳、豆乳などで煮込んでコクのあるひと皿に。青菜など火がとおりやすいものなら、オリーブオイルなどで炒めて、スープを注いでもよいでしょう。

作り方は、野菜の形や食感を残す具があるタイプと、ポタージュタイプが主な2つ。使う野菜は、1種類でも10種類でもお好みで。私は、ほぼすべての野菜がスープになると思っています。難しく考えないで大丈夫。この2つのどちらかで、おいしいスープが作れます。

基本のスープ１

食べやすく切った野菜の形や食感を残す

### 具があるスープ

にんじん、じゃがいも、パプリカ、セロリ、かぼちゃ、ズッキーニで作っていますが、野菜はお好みのものでどうぞ。

材料（作りやすい分量＜5～6人分＞）

好みの野菜…合わせて240～300ｇ

水…900mL

塩・こしょう…各適量

作り方

**1** 野菜は、それぞれ同じくらいの大きさに細かく切る。

**2** 鍋に水と野菜を入れて火にかけ、野菜が柔らかくなるまで煮る。

**3** 塩とこしょうで味をととのえる。

基本のスープ 2

柔らかく煮込んだ野菜をかく拌《はん》して作る

# ポタージュ系

じゃがいもを例にご紹介します。かぶやかぼちゃなどさまざまな野菜で作れます。（p.26「赤パプリカのスープ」も参照）

## 材料（作りやすい分量＜2〜3人分＞）

じゃがいも…3個（300g）

A（牛乳…200mL、水…100mL、白ワイン…大さじ1、塩…小さじ1/2）

## 作り方

**1** じゃがいもは半分に切って鍋に入れ、ひたひたに水を注ぐ。

**2** じゃがいもが柔らかくなるまで煮る。竹串を刺して、スッと刺せればOK！

**3** 粗熱を取り、じゃがいもだけ取り出してフードプロセッサーなどにかけて滑らかにする。

●ビーツのポタージュの材料（作りやすい分量＜2〜3人分＞）

ビーツ…2個（300g）

A（牛乳200mL、水…100mL、白ワイン…大さじ1、塩小さじ1/2）

※じゃがいものポタージュと同様に作った、ビーツのポタージュを盛り合わせ、セルフィーユを添えています。

※先にじゃがいものポタージュを入れて、上からビーツのポタージュを入れるとうまくいきます。

**4** 3を鍋にもどしてAを入れ、よく溶きのばして温める。好みで、冷やして飲んでも。

**冷凍してもOK！**

ポタージュ系のスープは、冷凍して保存も可能。1人分ずつ、または解凍しやすい量ずつ、保存袋などに入れて冷凍室へ。

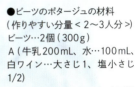

# トマト *recipe*

p.9

p.9

## トマトと桃とモッツアレッラ

■材料（2人分）
ミニトマト（グリーン）…10個
桃…1個
モッツアレッラチーズ…1個
レモン汁…小さじ2
塩…小さじ1/3
オリーブオイル…大さじ1

■作り方
**1** ミニトマトは湯むきして、縦半分に切る。桃は皮をむき、ミニトマトと同じくらいの大きさに切る。両方をボウルに入れ、レモン汁と塩をふる。
**2** モッツアレッラチーズは手でざっくり裂いて、器に盛る。**1**を汁ごとのせ、オリーブオイルを回しかける。
※桃のかわりにいちご（約5粒）を使ってもおいしい。
※ミニトマトはお好みのものでどうぞ。

## トマトと青じそと松の実のサラダ

■材料（2人分）
トマト（中）…3個
青じそ…8枚
A（ごま油…大さじ1、酢…小さじ2、
はちみつ…小さじ1/2）
塩…ひとつまみ
松の実…適量

■作り方
**1** トマトは7～8㎜厚さの輪切りにし、器に並べる。冷蔵庫で冷やす。
**2** ボウルにAを入れてよく混ぜ、青じそのせん切りを加えて混ぜる。
**3** **1**に塩をふって**2**をかけ、松の実を散らす。

p.10

## トマトとプラムの食べるガスパチョ

■材料（2人分）
トマト（熟したもの）…2個
きゅうり・セロリ…各1/2本
プラム（直径4～5㎝大）
…2個
食パン（6枚切り）…1/4枚
塩…小さじ1/2
レモン汁…小さじ2
水…大さじ1
プラム（飾り用）…適宜

■作り方
**1** トマトは湯むきして3㎝角くらいに切り、種を取る。きゅうりとセロリは4等分する。プラムは皮をむいて種を取る。
**2** ボウルに**1**を入れ、塩とレモン汁を加えてさっくり混ぜ、冷蔵庫で2～3時間置く。
**3** フードプロセッサーかミキサーに**2**と水とパンを入れてかく拌し、器に盛る。小さなくし形に切ったプラムを飾る。
※器は冷やしておくとよい。
※パンは、乾燥したもののほうがよい。

*p.11*

## トマトと鰯のティアン（重ね焼き）

■材料（作りやすい分量＜約4人分＞）
トマト（中）…4個
鰯…4尾
じゃがいも…2個
塩…小さじ1/2
薄力粉・植物油…各小さじ1
A（塩…小さじ1/2、黒こしょう…適量）
パン粉…大さじ1
オリーブオイル・パセリ…各適量

■作り方
**1** 鰯は頭を切り落として腹側から手で開き、よく血を洗って塩をふる。5分置いて洗い流し、水気を拭き薄力粉を皮目に薄くまぶす。
**2** フライパンに植物油を入れ、皮目を下にして鰯を並べてから中火にかける。両面こんがり焼いたら、取り出して油をきる。
**3** じゃがいもは、1㎝厚さのいちょう切りにし、水からゆでて水気をきる。
**4** トマトは縦半分に切って5㎜厚さの半月切りにする。耐熱皿にオリーブオイルを塗り、トマトとじゃがいもの半量を敷きつめるように並べる。**2**をのせて、残りのトマトとじゃがいもを重ねる。Aを全体にふり、パン粉とパセリのみじん切りをふる。
**5** オーブンを200℃に予熱して、**4**を10分ほど焼く。
※オーブントースターかグリルで焼いてもよい。

*p.10*

## トマト×トマトカレー

■材料（作りやすい分量＜約4人分＞）
トマト…2個
ミニトマト…20個
A（しょうゆ…大さじ1、酢…小さじ1、粉末黒砂糖…小さじ1）
カレー粉…大さじ2
ガラムマサラ（または、クミンパウダー）…小さじ1/3
塩…小さじ1/2
温かいご飯・カッテージチーズ…各適量

■作り方
**1** トマトはヘタを持って皮ごとすりおろし、ヘタを捨てる。
**2** 鍋に**1**、A、ミニトマトを入れて中火にかけ、沸いたらふたをして5～6分煮つめ、カレー粉とガラムマサラを加える。味をみて、塩で味をととのえる。
**3** 器に温かいご飯と**2**を盛り、カッテージチーズを散らす。
※粉末黒砂糖がない場合は、砂糖をやや少なめに使ってください。

# なす
recipe

p.13

密閉容器に焼いたなすを入れて密閉し、蒸らすと皮がむきやすい。

p.13

## 焼きなす

■材料（2人分）
長なす…1本
おろししょうが…大さじ1
かつおけずり節…適量

■作り方
1　長なすはヘタの周りにぐるりと切り目を入れ、ガクを切り取る。グリルで全体を10分ほど焼く。すぐに密閉容器に入れて3分ほど蒸らし、皮をむく。
2　なすを食べやすく切って冷蔵庫で冷やし、器に盛っておろししょうがをのせてかつおけずり節をふる。
※実が柔らかい長なすがおすすめですが、ない場合は短いなすを2本使います。

## 蒸しなす・蒸しいちじく

■材料（2人分）
長なす…1本
いちじく…1個
白すりごま…大さじ1
しょうゆ…小さじ2

■作り方
1　長なすといちじくは皮をむいて蒸し器に並べる。強火にかけ、冷たいうちから蒸し始める。シュンシュン蒸気が上がってきたら、3～4分蒸す。
2　食べやすく切り、器に盛る。白すりごまとしょうゆを混ぜて添える。
※いちじくは、お好みで入れてください。
※実が柔らかい長なすがおすすめですが、ない場合は短いなすを2本使います。

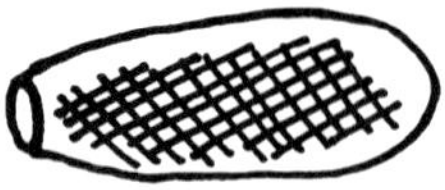
なすの切り込み

p.14

## なすの揚げびたし

■材料（2人分）
なす…4本
揚げ油…適量
めんつゆ（※）…1/2カップ
おろししょうが
…小さじ2

■作り方
1　なすはヘタの周りにぐるりと切り目を入れ、ガクを切り取る。斜め格子状に切り目を入れる。深めのフライパンに揚げ油を4～5㎝入れて180℃に熱し、なすを入れる。菜箸で回しながら、なすが柔らかくなるまで揚げて油をきる。
2　冷たいめんつゆに揚げたてのなすを浸し、冷蔵庫で1時間以上置く。器に盛っておろししょうがをのせる。
※めんつゆは、だし4：しょうゆ1：みりん1を合わせて火にかけ、冷まして作ります。※1時間後くらいから食べられますが、翌日がおいしい。冷蔵庫で3日間保存可能。

p.15

## なすとピーナッツの焼きうどん

■材料（2人分）
長なす…1本
うどん（乾麺）…200g
ベーコン（ブロック、または厚切り）…100g
ピーナッツ（有塩）…1/2カップ（約60g）
植物油…小さじ1　塩…適量

■作り方
1　うどんは表示どおりにゆでて水気をきる。
2　長なすは皮ごと2cm厚さの輪切りにし、さらに4等分に切る。ベーコンは1cm角に切る。ピーナッツは二重にしたビニール袋などに入れ、ビンの底などで粗く砕く。
3　フライパンに植物油をひき、**2**を入れてから火にかけて炒める。長なすがしんなりしてきたら、うどんを加えて炒め合わせ、塩で味をととのえる。
※実が柔らかい長なすがおすすめですが、ない場合は短いなすを2本使います。
※うどんは生麺（2食分）を使っても。

p.14

## なすのフムス

■材料（作りやすい分量）
なす…5本
A（ゆで大豆…100g、オリーブオイル…大さじ1、レモン汁…小さじ1、塩…小さじ1/2、クミンパウダー…少々）
レモンの皮…3×3cmくらい　塩…少々

■作り方
1　p.108「焼きなす」作り方**1**を参照し、なすを焼いて皮をむく。
2　レモンの皮はみじん切りにする。
3　**1**、**2**、Aをフードプロセッサーなどでかく拌する。塩で味をととのえる。
※フムスとは、ひよこ豆のペーストに、練りごまやオリーブオイルを混ぜたもの。ここでは、大豆の水煮となすでアレンジしました。

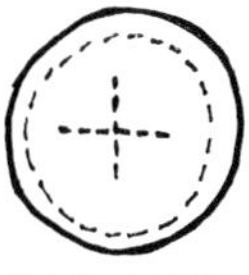

米なすの切り込み

p.15

## 米なすの田楽グラタン

■材料（2人分<4切れ分>）
米なす…1本　溶けるチーズ…適量
A（八丁味噌<または、赤味噌>…大さじ2、粉末黒砂糖…大さじ1、酒・酢…各小さじ1）
植物油…小さじ2　パセリ…適宜
※粉末黒砂糖がない場合は、砂糖をやや少なめに使ってください。

■作り方
1　米なすは2cm厚さの輪切りにし、片側の断面に十文字に切り込みを入れる。皮の内側に沿って、1cmの深さの切り込みを入れる。
2　フライパンに植物油をひき、**1**をのせる。ふたをして中火でじっくり焼く。
3　ボウルにAを入れてよく混ぜる。
4　**2**がしんなりしてきたら、**3**を等分にのせる。溶けるチーズをひとつかみずつのせ、ふたをしてさらに3～4分蒸し焼きにする。器に盛り、パセリのみじん切りをふる。

# きゅうり recipe

p.17

p.17

## きゅうりと帆立のセビーチェ

■材料（2人分）
きゅうり…1本
帆立（刺し身用）…6切れ
レモン汁…小さじ3～4
塩…小さじ1/2
ライム・ミントの葉…各適宜

■作り方
**1** きゅうりはすりおろし、ペーパータオルを敷いたざるに入れる。耳たぶくらいの触感になるように水気を絞る。
**2** 帆立は、横から包丁を入れて開くように切る。最後までは切らないように注意。70℃くらいの湯（ホットコーヒーくらい）を沸かし、帆立を30秒ほど泳がせて氷水に取る。
**3** ボウルにレモン汁と塩を入れてよく混ぜ、塩を溶かし、**1**、**2**を加えて和える。あれば、ライムの薄切りとミントの葉を飾る。

## きゅうりとわかめの酢の物

■材料（作りやすい分量）
きゅうり…3本
わかめ（生）…20g
塩…小さじ2
酢…大さじ4
砂糖…大さじ2
青じそ…適宜

■作り方
**1** きゅうりは、しま目に皮をむき、薄い輪切りにする。ボウルに入れて塩もみし、5～6分置く。流水でもみ洗いし、さらしなどに包んでしっかり絞る。
**2** わかめは食べやすい大きさに切り、熱湯で湯引きして水気をきる。
**3** ボウルに酢と砂糖を入れてよく混ぜ、**1**と**2**を入れて手で和える。器に盛って、あれば青じそのせん切りを飾る。
※乾燥わかめを使う場合、2g使用します。
※冷やしてもおいしい。冷蔵庫で3日間保存可能。

## きゅうり、長いも、アボカドのフリット

■材料（3～4人分）
きゅうり…2本
長いも…1/2本（直径約4cm×14cm）
アボカド…1個
天ぷら粉…1カップ（約150g）
炭酸水（または、水）…150mL
氷（2cm角くらい）…1個
揚げ油・塩・レモン…各適量

■作り方
**1** きゅうりはひと口大の乱切りにする。長いもは、食べやすい大きさに切る。アボカドは縦に8等分のくし形に切る。
**2** 天ぷら粉に炭酸水と氷を加えてさっくり混ぜ、**1**をくぐらせる。衣は多めにつけるとよい。
**3** 揚げ油を鍋に深さ4cmほど入れて180℃に熱して、**2**を揚げる。器に盛って塩とレモンを添える。

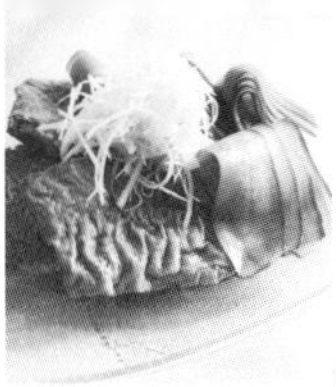

p.19

## きゅうりと鯵の南蛮漬け

■材料（作りやすい分量〈約4人分〉）
鯵（三枚におろしたもの）…4尾分（8切れ）
きゅうり…2本
薄力粉・植物油…各大さじ2
A（しょうゆ・酢…各大さじ4、きび砂糖…小さじ4、酒…大さじ1）
新しょうが（お好みで）…適量

■作り方
1 鯵は中骨を抜き、皮目に薄く薄力粉をまぶす。フライパンに植物油をひいて皮目を下にして入れ、火にかける。皮がパリッとするまでじっくり焼き、返してもう片面も焼く。
2 きゅうりはスライサーで縦に薄く引き、ペーパータオルに包んで水気を拭く。
3 Aを小鍋に入れて中火にかけ、沸いたら火を止める。
4 保存容器に鯵ときゅうりを交互に入れ、3を熱いうちに注ぐ。1時間〜1晩なじませる。
5 器に盛り、あれば新しょうがのせん切りをのせる。

※きゅうりから水分が出ることを前提に濃いめの漬け汁に漬けます。
※きゅうりは、少しずつずらして重ねて漬けると、美しく盛りつけられます。
※冷蔵庫で4日間保存可能。
※きび砂糖がない場合は、砂糖をやや少なめに使ってください。

p.19

## きゅうりとしょうが、トマトのスープ

■材料（2人分）
きゅうり…1本
トマト…1個
しょうが…大きめな1片（約20g）
卵…1個
だし（または、チキンスープなど）…300mL
酢…小さじ1
塩…小さじ1/2

■作り方
1 きゅうりは、しま目に皮をむき、薄い輪切りにする。トマトは1㎝角に切る。しょうがはみじん切りにする。
2 鍋に1を入れ、だしと酢を加えて中火にかける。沸いてきたら、溶き卵を2回に分けて流し入れ、味をみて塩で味をととのえる。

※塩を加える量は、だしによって加減してください。

p.18

# かぼちゃ・ズッキーニ recipe

p.21

## 焼きかぼちゃのサラダ

■材料（3～4人分）
かぼちゃ…1/4個
植物油…小さじ2
バター…30g
岩塩（または、塩）…ふたつまみ

■作り方
**1** かぼちゃはくし形の薄切りにする。
**2** フライパンに植物油をひき、かぼちゃを並べてから中火にかけて焼く。両面こんがり焼けたら、バターを加える。バターが溶けきらないうちに器に盛って岩塩をふる。

※かぼちゃが切りにくい場合は、電子レンジで1分ほど加熱するとよい。

p.21

## ズッキーニのレモンサラダ

■材料（3～4人分）
ズッキーニ…1と1/2本
レモン汁…大さじ3
塩…小さじ1/4

■作り方
**1** ズッキーニは薄い輪切りにし、バットに並べて全体に塩をふる。レモン汁をふってラップをかけ、冷蔵庫で15分ほど味をなじませる。
**2** ペーパータオルでズッキーニの水気を軽く拭き、器に並べる。

※ズッキーニはお好みの色で。
※冷蔵庫で半日ほど味をなじませても。
※パルミジャーノチーズやディル、白すりごまなどをふってもおいしい。

## かぼちゃとキドニービーンズのいとこ煮風

p.22

■材料（作りやすい分量〈4～5人分〉）
かぼちゃ…1/2個（約500g）
レッドキドニービーンズ（金時豆）の水煮…100g
塩…小さじ1
A（酒…大さじ2、しょうゆ…小さじ5、みりん…大さじ1）

■作り方
**1** かぼちゃは3㎝角くらいに切って鍋に入れ、ひたひたに水を入れる。塩を加えて火にかけ、スッと竹串がとおるまで柔らかくゆでる。ゆで汁を1/4くらい残して、残りの水をきる。
**2** レッドキドニービーンズはざるに入れ、熱湯をかける。
**3** **1**に**2**とAを入れ、紙ぶたをして中火で7～8分煮る。全体をさっくりと混ぜ、そのまま冷ます。

※かぼちゃの皮は、お好みで半分ほどむいてもよい。

p.23

## ズッキーニとしらすのピザ

■材料（直径約20cm1枚分）
ズッキーニ…2本
しらす（ゆでたもの）…100g
ピザクラスト…1枚（直径約20cm）
溶けるチーズ…100g
パルミジャーノチーズ…50g
オリーブオイル…小さじ2

■作り方
**1** ズッキーニは縦半分に切って斜め薄切りにする。しらすはざるに入れ、熱湯をかけてくさみを取る。
**2** ピザクラスト全体に溶けるチーズをのせ、ズッキーニを放射状に並べてしらすを散らす。オリーブオイルを回しかけ、オーブントースターやグリルで5分ほど焼く。チーズが溶けて、ズッキーニがツヤッと焼けている状態になったら器に盛る。
**3** パルミジャーノチーズは、薄く削って粗く砕いて**2**に散らす。
※オーブンの場合、250℃に予熱して5～6分焼きます。
※溶けるチーズの量はお好みで調節してください。
※ズッキーニはお好みの色で。

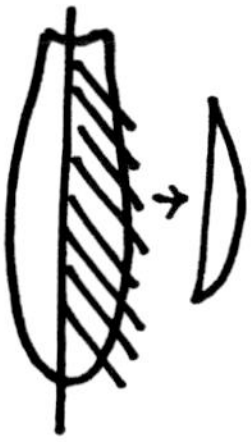
ズッキーニの切り方

p.22

## ズッキーニの生ハム巻き

■材料（8個分）
ズッキーニ…3本
生ハム…8枚
オリーブオイル…小さじ2
塩…ふたつまみ

■作り方
**1** ズッキーニはスライサーで縦に薄く引き、中央部分の幅の広い面を使う。バットなどに24枚広げ、全体に塩をふって5～6分置く。ペーパータオルで水気を拭く。
**2** **1**を、3枚ずつ少しずらして重ねて広げ、生ハムをのせて端から巻く。巻き終わりを下にしてオーブンシートに並べ、オリーブオイルを回しかける。オーブントースターで5～6分焼く。
※ズッキーニはお好みの色で。
※残ったズッキーニは、炒め物や和えもの、サラダ、スープなどに。
※グリルやオーブンで焼いても。

p.25

p.25

# ピーマン類
*recipe*

## 甘唐辛子のクリームチーズ詰め

■材料（2人分）
甘唐辛子（万願寺唐辛子など）…4本
クリームチーズ…120g
干しぶどう…20粒
ラム酒（または、梅酒や白ワイン）…小さじ2
植物油…小さじ2　しょうゆ…ひとたらし

■作り方
**1** 干しぶどうにラム酒をふって5分置く。
**2** ボウルにクリームチーズを入れ、ラム酒をきった**1**を加えてよく混ぜる。
**3** 甘唐辛子は縦半分に切り、種が気になる場合は取る。**2**を詰める。
**4** フライパンに植物油をひき、**3**を、クリームチーズを詰めた方を上にして並べる。火にかけて、皮が少ししんなりするまで焼いてしょうゆをたらす。

## ピーマンの肉詰め

■材料（作りやすい分量＜3〜4人分＞）
ピーマン（お好みのものを）…8個
A（豚ひき肉…300g、片栗粉・しょうゆ…各小さじ2）　植物油…小さじ2

■作り方
**1** ピーマンはヘタのある上部を切り取り、種を取る。
**2** ピーマンのヘタの周りは、捨てずに粗いみじん切りにする。
**3** Aと**2**をよく混ぜ、**1**に詰める。
**4** フライパンに植物油をひき、**3**を並べて中火にかける。表面をこんがり焼いたら、ふたをして4〜5分蒸し焼きにする。ふたを開けて水分をとばすように、そっと転がしながら2〜3分焼く。

※ひき肉はお好みのものをお使いください。
※ピーマンの大きさによって、個数は調節してください。

## ピーマンとキヌアのサラダ

■材料（作りやすい分量＜3〜4人分＞）
ピーマン…4個
A（キヌア…1/2カップ、白ワイン…大さじ1、水…200mL）
塩…小さじ1
B（インカインチオイル＜または、オリーブオイル＞・レモン汁…各大さじ2）

p.26

■作り方
**1** 鍋にAを入れて中火にかけ、沸いたらふたをして弱火で10分炊いて10分蒸らす（キヌアから薄緑色の芽のようなものが出て、ふっくらとしたら炊き上がり）。
**2** ピーマンは縦半分に切り、ヘタと種を取り、繊維を断つように横にせん切りにする。沸騰したお湯に塩を入れて、ピーマンを30秒ほど湯がいて水気をしっかりきる。
**3** ボウルにBを入れ、**1**の半量と、**2**を熱いうちに加えて和え、そのまま冷ます。

※1時間ほど冷蔵庫でなじませるとおいしい。※炊いたキヌア（1の残りも）は、冷蔵庫で3日間保存可能。使う量は、お好みで調節を。

p.27

p.27

## 定番の青椒肉絲《チンジャオロースー》

材料（作りやすい分量＜2〜3人分＞）

ピーマン…3個　牛薄切り肉…150g

しめじ…1パック（約100g）

酒…大さじ2　片栗粉…小さじ1

植物油…小さじ2　こしょう…適量

A（オイスターソース…大さじ1、ケチャップ・しょうゆ…各小さじ1）

■作り方

**1** ピーマンは縦半分に切ってヘタと種を取り、繊維を断つように横に細く切る。しめじは石づきを切り、2cm長さに切る。

**2** 牛肉は細く切り酒をふって片栗粉をまぶす。

**3** フライパンに植物油をひき、**2**を入れてから中火にかけて炒める。色が変わってきたら、**1**を入れてさっと炒め、混ぜ合わせたAを加えてさらに炒める。お好みでこしょうをふる。

## パプリカと鶏肉の赤椒肉絲《チージャオロースー》

材料（作りやすい分量＜2〜3人分＞）

パプリカ…2個

鶏むね肉…1枚（約300g）

片栗粉・植物油…各小さじ2

花椒…20粒ほど

酒…大さじ2

塩…小さじ1/2

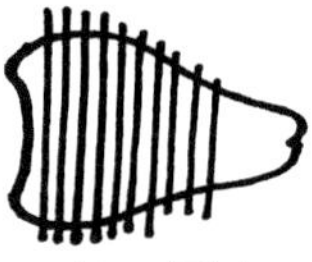

パプリカの切り方

■作り方

**1** パプリカは縦半分に切ってヘタと種を取り、繊維を断つように横に細く切る。

**2** 鶏肉は5cm長さ、1cm幅くらいに切って片栗粉をまぶす。

**3** フライパンに植物油をひき、花椒、鶏肉、酒を入れてから中火にかける。鶏肉の表面が白くなったら、塩と**1**を加えて手早く炒め合わせる。

※パプリカは、お好みの色でどうぞ。

※花椒は、しびれるような辛みがある中華のスパイス。

## 赤パプリカのスープ

■材料（2人分）

パプリカ（赤）…4個

牛乳…1カップ

塩…小さじ1/2

水…大さじ3

タイム…適宜

■作り方

**1** パプリカは、丸ごとグリルなどで皮が真っ黒になるまで焼く。すぐに密閉容器に入れて3分ほど蒸らし、皮をむいてヘタと種を取る。きれいに洗って、フードプロセッサーなどで滑らかになるまでかく拌する。

**2** 水に塩を入れてよく混ぜ、塩水を作る。

**3** 鍋に牛乳と**1**を入れて中火にかけ、沸いてきたら、沸騰させない火加減で味をみて、**2**で味をととのえる。

**4** 器に盛って、あればタイムを飾る。

※冷やしてもおいしい。

p.26

p.29

# 春の豆類
## 〜そら豆・グリーンピース・いんげん・スナップえんどう
*recipe*

## いんげんの和えもの４種

切り方と和え衣を変えて、
いろいろに楽しみます。

### 白和え

■材料（２人分）
ゆでたいんげん（上記を参照）…10本
豆腐（木綿）…1/2丁（約150g）
A（白すりごま・きび砂糖…各大さじ1、味噌…小さじ1、塩…小さじ1/3）

作り方
**1** 豆腐はペーパータオルに包んでざるにのせ、20分ほど重石をかけて水気をきる。
**2** Aをよく混ぜる。**1**を崩しながら加え、さらに混ぜる。
**3** ゆでたいんげんは、長さを４等分に切って**2**とさっくり和える。
※きび砂糖がない場合は、砂糖をやや少なめに使ってください。

### 海苔和え

■材料（２人分）
ゆでたいんげん（上記を参照）…10本
焼き海苔…１枚
しょうゆ…小さじ1　酢…小さじ1/2

作り方
**1** ゆでたいんげんは、３〜４cm長さの斜め切りにする。
**2** 焼き海苔は手で細かくもみ、ボウルに入れる。**1**を入れ、しょうゆと酢を加えて和える。

### いんげんのゆで方

いんげんはヘタを取って鍋に入れ、ひたひたに水を入れて中火で加熱する。沸いたら１分ほどゆでてざるに上げ、冷水をかけてから氷水で冷やす。急冷することできれいな緑色になる。

### ごま和え

■材料（２人分）
ゆでたいんげん（上記を参照）…10本
A（黒すりごま…大さじ3、しょうゆ・きび砂糖…各小さじ1、酢…小さじ1/2）

作り方
**1** ゆでたいんげんは、３〜４cm長さの斜め切りにする。
**2** Aをよく混ぜ、**1**を加えてさっくり和える。
※きび砂糖がない場合は、砂糖をやや少なめに使ってください。

### ガドガドソース和え

■材料（２人分）
ゆでたいんげん（上記を参照）…10本
ピーナッツ（有塩）…15粒
味噌…小さじ2　はちみつ…小さじ1

作り方
**1** ゆでたいんげんは、長さを３等分に切る。
**2** 二重にしたビニール袋にピーナッツを入れ、ビンの底などで細かく砕く。ボウルに入れ、味噌、はちみつを入れてよく混ぜ、**1**を加えて和える。

p.30

## スナップえんどうとたけのこの塩炒め

■材料（2人分）
スナップえんどう…10本
ゆでたけのこ（水煮）…150g
ハム…4枚
植物油…小さじ1
酒…小さじ2
塩…小さじ1/3
こしょう…適量

■作り方
**1** たけのこは2～3㎝長さの食べやすい厚さに切る。ハムは2㎝角に切る。スナップえんどうはヘタと筋を取り、斜め3等分に切る。
**2** 鍋に植物油をひいてたけのことハム、酒、塩を入れ、中～強火で炒める。フツフツしてきたら、スナップえんどうを加え、色鮮やかになったら、こしょうをふる。

スナップえんどうの切り方

p.30

## そら豆と厚揚げの豆板醤《トウバンジャン》炒め

■材料（2人分）
そら豆…20粒
厚揚げ…1丁（約150g）
しょうが…2片（約40g）
豆鼓《トウチ》…15粒
A（植物油…小さじ1、花椒…15粒、豆板醤…小さじ1/2）
B（みりん…小さじ2、しょうゆ…小さじ1）
しょうゆ…適量

■作り方
**1** ボウルに熱湯と厚揚げを入れて油抜きをし、水気をきって1.5㎝角に切る。そら豆は水からゆで、沸いたら冷水に入れて氷水で冷やす。
**2** しょうがと豆鼓は粗みじん切りにする。
**3** フライパンに**2**とAを入れて中火にかけ、パチパチしてきたら厚揚げとBを加えて炒める。グツグツしてきたらそら豆を加え、さっと炒め合わせる。味をみて、しょうゆで味をととのえる。

※豆鼓とは、蒸した大豆に麹と塩を加えて発酵させたもので強いうま味があります。
※花椒は、しびれるような辛みがある中華のスパイス。

# 春の豆類
*recipe*

p.32

## うすい豆と新玉ねぎのスープ

■材料（2人分）
うすいえんどう豆（または、グリーンピース）
…10さや
新玉ねぎ…1/2個
塩（下処理用）…小さじ1/2
だし（または、チキンスープなど）…300mL
酒…小さじ1
塩…小さじ1/3

■作り方
**1** 新玉ねぎは縦半分に切って、くし形の薄切りにする。下処理用の塩をふってよくもみ、5～6分置いて流水にさらして絞る。
**2** うすいえんどう豆はさやから出して小鍋に入れ、水をひたひたに入れて中火にかける。沸いたらざるに上げて冷水をかけ、氷水で冷やす（最初はシワが寄るが、しばらくするときれいになる）。
**3** 鍋にだしと酒を入れて**1**を入れ、中火にかける。沸いたら塩で味をととのえ、**2**を加えてひと煮立ちさせる。

※うすいえんどう豆とは、さやから実を出して食べる春の豆の一種で、グリーンピースにくらべて青くささが少ない。
※新玉ねぎがない場合は、玉ねぎでも。

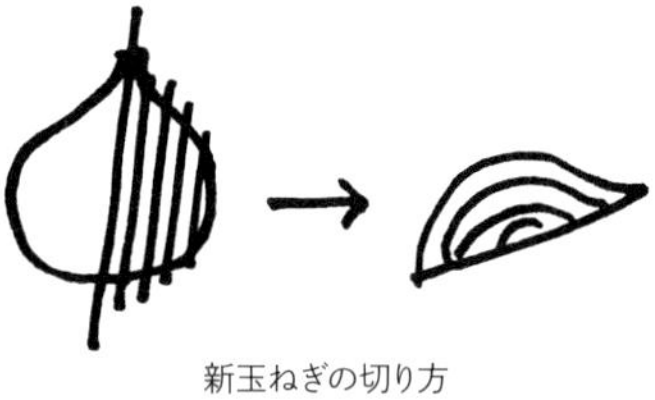

新玉ねぎの切り方

p.31

## 春の豆のサラダ

■材料（3～4人分）
いんげん…10本
スナップえんどう…10本
グリーンピース…1カップ（正味、約100g）
A（オリーブオイル・レモン汁…各小さじ2、塩…小さじ1/3）

■作り方
**1** いんげんとスナップえんどうはヘタと筋を取り、斜め薄切りにする。鍋に入れてひたひたの水を加え、中火にかける。沸いたらざるに上げて冷水をかけ、氷水で冷やす。
**2** グリーンピースは水からゆで、沸いたら2分ゆでる。ざるに上げて冷水をかけ、氷水で冷やす。
**3** **2**の水気をしっかりきって、半量をAとフードプロセッサーにかける。
**4** 残りの**2**と**1**を**3**で和える。

p.32

## グリーンピースのふわふわ卵（白）

■材料（2人分）

グリーンピース…7さや分くらい

卵白…3個分

A（牛乳…大さじ2、マヨネーズ…小さじ2、塩…ひとつまみ）

植物油…小さじ1

■作り方

**1** グリーンピースはさやから出して小鍋に入れ、水をひたひたに入れて中火にかける。沸いたらざるに上げて冷水をかけ、氷水で冷やして水気をきる。

**2** 卵白を切るように混ぜ、Aを加えさらによく混ぜる。

**3** フライパンに植物油をひいて火にかけ、**2**をかき混ぜながら流し入れる。菜箸で混ぜ、半熟になったら**1**を入れて混ぜて火をとおす。

p.32

## グリーンピースのふわふわ卵（黄色）

■材料（2人分）

グリーンピース…7さや分くらい

卵…3個

バター…10ｇ

A（牛乳…大さじ2、マヨネーズ…大さじ1、砂糖…小さじ1）

■作り方

**1** 「グリーンピースのふわふわ卵（白）」の作り方**1**を参照。

**2** 卵とAをよく混ぜる。

**3** フライパンにバターを入れて中火にかけ、**2**を流し入れる。菜箸で混ぜ、半熟になったら**1**を入れて混ぜ、卵に7割ほど火をとおす。

p.33

## 春の豆のすし

■材料（3～4人分）

温かいご飯…1合分

そら豆…10さや

スナップえんどう（または、いんげん）…15本

すし酢…大さじ2

白炒りごま…大さじ1

ナスタチウム…適宜

※ナスタチウムとは、ピリっとした辛みがある食用花の一種。

■作り方

**1** 飯台に温かいご飯を入れてすし酢を回しかけ、さっくり切るように混ぜる。白炒りごまも混ぜ、濡らしたさらしなどをかけて粗熱を取る。

**2** そら豆はグリルやオーブントースターでさやごと6～7分焼き、実を出す。

**3** スナップえんどうはヘタと筋を取って斜め薄切りにし、鍋に入れてひたひたの水を入れる。中火にかけ、沸いたらざるに上げ、冷水をかけて氷水で冷やす。

**4** **1**に、**2**と水気をきった**3**を入れてさっくり混ぜ、器に盛る。あればナスタチウムを飾る。

# アボカド
*recipe*

p.35

## アボカドと鮪のポキ

■材料（2人分）
鮪（刺し身用）…1サク（150g）
アボカド…1個
A（コチュジャン…大さじ1、しょうゆ・酢…各小さじ2、はちみつ…小さじ1）
白すりごま…適宜

■作り方
**1** Aをよく混ぜる。
**2** 鮪は1.5cm角に切り、4辺が白くなるくらいさっと湯引きする。氷水で急冷して水気をしっかりきり、**1**をからめて10分〜半日冷蔵庫で味をなじませる。
**3** アボカドは1.5cm角に切って**2**とさっと混ぜ、器に盛る。好みで、白すりごまをふる。

※2の段階で冷蔵庫で2日間保存可能。
※ポキとは、ハワイ語で「切り身」を意味し、料理としては鮪などのシーフードをしょうゆなどに漬けたものをさします。

p.35

## アボカドコロッケ

■材料（8個分）
じゃがいも…2個
アボカド…3個
バター…10g
薄力粉・溶き卵・パン粉…各適量
揚げ油・塩…各適量
ミニトマト…適宜

■作り方
**1** じゃがいもは皮をむかずに鍋に入れ、かぶるくらいの水を入れる。完全に柔らかくなるまで水からゆで、皮をむいてボウルに入れてバターを加えてつぶす。アボカドも加えてつぶし、滑らかにする。バットなどに平らに入れ、粗熱を取り20分ほど冷凍庫に入れる。
**2** **1**を8等分して好きな形に成形し、薄力粉、溶き卵、パン粉の順に衣をつける。
**3** 揚げ油を180℃に熱して、**2**をきつね色に揚げる。器に盛って塩をふり、あればミニトマトを添える。

※かなり柔らかいコロッケだねなので形をととのえにくいですが、やや強引にパン粉までまぶすと形がうまくまとまります。

p.37

## アボカドクリームと
## さつまいもの前菜

■材料（2人分）
さつまいも…1/2本（約150g）
アボカドクリーム（下記を参照）…大さじ4
セルフィーユ…適宜

■作り方
1 さつまいもは、皮ごとゆでるか蒸すかして柔らかくする。皮をむいて2cm角に切る。
2 器に入れてアボカドクリームをのせ、あればセルフィーユを飾る。

p.36

## アボカドクリームといちじく、
## ブルーチーズのサラダ

■材料（3〜4人分）
いちじく…3個
ブルーチーズ…50g
アボカドクリーム（下記を参照）…大さじ4
バジル・ライム…各適宜

■作り方
1 いちじくは皮をむき、縦に4等分する。ブルーチーズは1〜2cm角くらいに手で崩す。
2 器にいちじくを並べてアボカドクリームをかけ、ブルーチーズを散らす。あれば、バジルとライムを飾る。
※いちじくは、好みで皮をむかなくても。

### アボカドクリーム

■材料（作りやすい分量）
アボカド（完熟）…2個
豆腐（絹ごし）…1/2丁（約150g）
塩…小さじ1/2

■作り方
1 アボカドは4〜5cm角に切り、フードプロセッサーやブレンダーに入れる。豆腐と塩を加え、完全に滑らかになるまでかく拌する。
※塩を、砂糖小さじ1/2〜1にすると、甘いクリームに。
※表面にぴたっとラップをかけて冷蔵庫で保存し、表面が黒ずんだら、表面だけそいで使用。翌日まで食べられます。

# 夏の
# 元気野菜
## 〜とうもろこし・ゴーヤー・枝豆・おくら

*recipe*

p.39

## ピーナッツをからめた
## ゴーヤーととうもろこし

■材料（作りやすい分量＜3〜4人分＞）

ゴーヤー…1本

とうもろこし（ゆでたもの）…1本

A（ピーナッツ＜有塩＞…1/2カップ＜約60g＞、白すりごま…大さじ2、ひじき＜乾燥＞…5g、塩…適量）

ごま油…小さじ1

塩…適量

■作り方

**1** ゴーヤーは7〜8㎜厚さの輪切りにする。ワタは取らずに、かたい種は取る。とうもろこしは、食べやすい大きさに実をそぎ切る。

**2** フードプロセッサーにAを入れてかく拌する。味をみて、塩で味をととのえる。

**3** フライパンにごま油をひいて中火にかけ、ゴーヤーを2〜3分焼く。焼き上がるころに、とうもろこしも入れて焼く。器に盛り、**2**をたっぷりかける。

※**2**のピーナッツフレークは、常温（冷暗所）で1か月間保存可能。冷奴や麺、チャーハンなどにも合います。

※フードプロセッサーを使うかわりに、ピーナッツは二重にしたビニール袋に入れてビンの底などでたたいて砕き、ひじきは手でもんでも。

※塩は、ピーナッツの塩分で調節してください。

---

**とうもろこしのゆで方**
**（電子レンジ使用）**

とうもろこしは皮をむかずにラップで包み、1本につき電子レンジに3分かける。

---

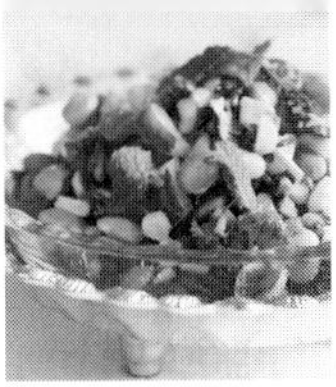

p.40

## 夏野菜のモロッコ風サラダ

■材料（作りやすい分量＜3～4人分＞）
とうもろこし（ゆでたもの）…1本
枝豆（ゆでたもの）…50g（正味）
ミニトマト…3個
赤玉ねぎ…1/4個
酢…大さじ2
塩…小さじ1/2
パクチー…1茎（約10g）
ミントの葉…2枝分（約15g）
クミンパウダー…少々
A（レモン汁…大さじ3、オリーブオイル…大さじ2、はちみつ…小さじ1）

■作り方
**1** 赤玉ねぎは1cm弱角に切って酢と塩をふり、15分置いて水気をきる。
**2** とうもろこしは実をほぐし、ミニトマトは1cm角くらいに切る。ミントの葉は、飾り用に4～5枚取り分けて、残りはパクチーとともに粗いみじん切りにする。
**3** ボウルにAを入れて混ぜ、**1**、**2**、クミンパウダー、枝豆を入れて混ぜる。器に盛り、飾り用のミントの葉を散らす。
※ミントの葉の色は変わりますが、冷蔵庫で3日間保存可能。
※冷蔵庫で1時間ほどなじませるとよりおいしい。

p.40

## ゴーヤーと枝豆の甘くない白和え

■材料（作りやすい分量＜3～4人分＞）
豆腐（木綿）…1丁
枝豆…15さや
ゴーヤー…1/2本
塩…小さじ1/2
A（白すりごま…大さじ2、味噌…小さじ1、塩…ひとつまみ）

■作り方
**1** 豆腐はペーパータオルに包んでざるにのせ、20分ほど重石をかけて水気をきる。
**2** 枝豆はグリルに並べて5分焼いてさやから出し、薄皮を取る。ゴーヤーは縦半分に切って種とワタを取り、なるべく薄く切る。塩を全体にまぶして5分ほど置き、もみ洗いしてしっかり水気をきる。
**3** Aをよく混ぜ、**1**を崩しながら加えてさらによく混ぜる。**2**を加えて和える。

ゴーヤーの切り方

# 夏の元気野菜
recipe

p.42

## ゴーヤー、おくら、豚肉の煮物

■材料（作りやすい分量＜3〜4人分＞）
ゴーヤー…1本
おくら…10本
豚こま切れ肉…200g
A（酒・水…各大さじ2、しょうゆ・みりん…各大さじ1）

■作り方
**1** ゴーヤーは縦半分に切ってワタと種を取り、横に3等分、縦に2等分に切る。おくらはガクを薄く切りとり、豚肉は食べやすい大きさに切る。
**2** 鍋に、豚肉、ゴーヤー、おくらの順に重ねて入れる。Aを入れて落しぶたをして中火にかけ、沸いたらふたをして10分煮る。

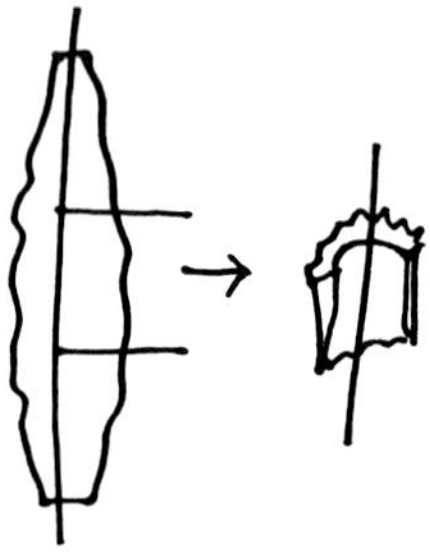

ゴーヤーの切り方

p.41

## 夏野菜豆腐

■材料（2人分）
豆腐（木綿）…1丁
とうもろこし（ゆでたもの）…1/2本
ミニトマト…10個
ゴーヤー…1/4本
おくら…4本
A（しょうゆ…大さじ1、おろししょうが・酢…各小さじ2）
薄力粉・植物油…各小さじ2

■作り方
**1** 豆腐はペーパータオルに包んでざるにのせ、20分ほど重石をかけて水気をきる。縦に半分に切り、1㎝幅に切る。
**2** とうもろこしは、実をほぐす。ミニトマトは、1㎝角くらいに切る。ゴーヤーはワタと種を取り、おくらはヘタを切り、ともに熱湯に2〜3分浸す。おくらは薄い輪切りに、ゴーヤーはトマトと同様に細かく切る。
**3** **2**とAをボウルに入れ、おくらのとろみが出るようによく混ぜる。
**4** **1**の豆腐の両面に薄く薄力粉をまぶす。フライパンに植物油をひいて中火で熱し、豆腐を並べ入れる。両面こんがり焼いて器に盛り、**3**をかける。

※豆腐は、かた豆腐があれば水切りは不要です。
※豆腐のほかに、焼いた鯵や豚肉、ご飯にかけても。

p.43

## ずんだ白玉

■材料（2人分）
枝豆…150g（正味）
A（砂糖・水…各大さじ2、酒…大さじ1、塩…ひとつまみ）
白玉粉…50g
水…50mL

■作り方
**1** ずんだを作る。枝豆は完全に柔らかくなるまで水からゆでる。冷水で洗い、氷水で冷やして薄皮をむく。飾り用を少し取り分ける。
**2** 小鍋にAを入れて弱火にかけ、砂糖を溶かし、沸いてきたら火を止めて冷ます。
**3** **1**と**2**をフードプロセッサーなどでかく拌する。
**4** 白玉を作る。ボウルに白玉粉を入れて、分量の水の8割ほどを加えて混ぜる。耳たぶくらいのかたさになるように、残りの水で調節する。よく混ぜて、直径1.5cmくらいに丸める。
**5** **4**をゆでて、冷水に入れて冷ます。器に盛って**3**をのせ、枝豆を飾る。

※砂糖はきび砂糖などを使ってもよいですが、きれいな緑色にはなりません。
※ずんだは、冷凍室で3週間保存可能。

p.43

## とうもろこしともやしのあんかけ丼

■材料（2人分）
とうもろこし…1本
もやし…1/2袋
A（だし…60mL<または、酒小さじ2+水50mL>、しょうゆ・みりん…各大さじ1）
水溶き片栗粉（片栗粉・水…各小さじ2）
温かいご飯…2杯分
万能ねぎ…適量

■作り方
**1** とうもろこしは生のまま実をほぐす。
**2** 鍋に、もやし、**1**、Aを入れ、ふたをして中火にかける。5～6分で沸いてきたら火を止め、水溶き片栗粉でとろみをつける。
**3** 温かいご飯に**2**をかけ、万能ねぎの小口切りをふる。

※もやしは、心に余裕があれば、ひげ根を取ると食感と見た目がよい。
※2は、冷蔵庫で3日間保存可能。冷やしてもおいしい。

p.44

# 作り置きおかず　その1

さまざまな野菜と相性抜群の「木の芽オイル」「甘酒辛味噌漬け液（キムチ風）」「酢じょうゆ液」と、細切りの野菜をオイルやビネガーで和えるラペの作り方をご紹介。好みの野菜でアレンジを。

※保存容器は煮沸しなくてもよい。熱湯で洗って拭いてから使います。

## にんじんと干しぶどうのラペ

■材料（作りやすい分量）

にんじん…1本

干しぶどう…30粒

ラム酒…小さじ1　ぬるま湯…適量

酢…大さじ3　粉末黒砂糖…小さじ1

■作り方

**1**　にんじんはせん切りにする。ペーパータオルなどで包んでしっかり水気を拭く。干しぶどうにラム酒をかけ、ヒタヒタになるようにぬるま湯を入れる。そのまま30分置いてもどし、水気をしっかりきる。

**2**　ボウルに酢と粉末黒砂糖を入れて混ぜ溶かし、**1**を加え、和えて保存容器に入れる。

※冷蔵庫で5日間保存可能。

※粉末黒砂糖がない場合は、砂糖をやや少なめに使ってください。

## ビーツとくるみのラペ

■材料（作りやすい分量）

ビーツ…2個（約300g）

くるみ（無塩）…30粒

オリーブオイル…小さじ2

レモン汁…大さじ1

塩…小さじ1/2

■作り方

**1**　ビーツは皮を厚めにむいてせん切りにする。ペーパータオルなどで包んでしっかり水気を拭く。くるみは4等分に砕く。

**2**　**1**をボウルに入れ、オリーブオイルをからめる。レモン汁と塩を加えて和え、保存容器に入れる。

※冷蔵庫で5日間保存可能。

※ラペとは、にんじんなどの野菜のせん切りで作るサラダのことで、フランスの家庭料理です。

## かぶとにんじんの即席酢じょうゆ漬け

■材料（作りやすい分量）

かぶ…2個

にんじん…1/2本

酢じょうゆ液（しょうゆ・酢・みりん…各大さじ2）

■作り方

**1**　小鍋に酢じょうゆ液を入れて火にかけ、沸いたらそのまま冷ます。

**2**　かぶとにんじんは皮をむいて2㎝角くらいに切る。保存容器に入れて、**1**を注ぐ。

※冷蔵庫で10日間保存可能。

※大根やきゅうりで作っても。

## ごぼうとフェタチーズのラペ

■材料（作りやすい分量）

ごぼう…1本　フェタチーズ…30g

A（オリーブオイル…大さじ1、バルサミコ酢…小さじ2）

■作り方

**1**　ごぼうはたわしでよく洗い、せん切りにする。ごぼうを1分ほどゆでてざるに上げ、水気を絞る。フェタチーズは1㎝角に切る。

**2**　**1**とAを和えて、保存容器に入れる。

※冷蔵庫で3日間保存可能。

※フェタチーズとは、羊乳から作られるチーズの一種で、塩水の中で熟成するため塩味が強い。

## ★春らしい「木の芽オイル」を使って

●木の芽オイルの材料と作り方

オリーブオイル（または、太白ごま油）…300mL、塩…小さじ1/2、
木の芽（たたく）…4～5枚、粉山椒…小さじ1/2を混ぜる。

### たけのこのオイル漬け

■材料（作りやすい分量）

ゆでたけのこ（水煮）…300g

木の芽オイル（上記を参照）…適量

■作り方

1 たけのこは縦にくし形に切り、保存容器に入れる。たけのこが完全にかぶるように木の芽オイルを注ぐ。

※たけのこは、柔らかな先端の方がおいしい。

※冷蔵庫で2週間保存可能。

※市販の水煮の場合、さっとゆがいてから使う。

### 新じゃがいものオイル漬け

■材料（作りやすい分量）

新じゃがいも（小さめ）…5個（約300g）

松の実…20粒

木の芽オイル（上記を参照）…適量

■作り方

1 じゃがいもはよく洗い、大きめのものは半分に切る。水からゆで、竹串がスッと入るくらいまで柔らかくなったらざるに上げる。熱いうちに保存容器に入れ、松の実も入れる。

2 じゃがいもが熱いうちに、木の芽オイルをじゃがいもが完全にかぶるように注ぐ。冷めたらふたをする。

※冷蔵庫で2週間保存可能。

## ★滋味深い「甘酒辛味噌漬け液（キムチ風）」を使って

●甘酒辛味噌漬け液（キムチ風）の材料と作り方

甘酒…150g、味噌…大さじ1、豆板醤…小さじ1、
一味唐辛子…小さじ1/2を混ぜる。

### ラディッシュと大根のキムチ風

■材料（作りやすい分量）

大根…200g

ラディッシュ…5個

塩…小さじ1/2

甘酒辛味噌漬け液（上記を参照）…全量

■作り方

1 大根は皮をむき1.5cm角に切り、ラディッシュは縦半分に切る。塩をふって10分ほど置き、水でもみ洗いしてしっかり絞る。

2 保存容器に**1**を入れ、甘酒辛味噌漬け液を入れる。

※2日目くらいからがおいしい。冷蔵庫で10日間保存可能。

### 白菜とりんごのキムチ風

■材料（作りやすい分量）

白菜…200g

りんご…1/4個

塩…小さじ1

甘酒辛味噌漬け液（上記を参照）…全量

■作り方

1 白菜は2cm角くらいに切って塩をふる。10分置き、水でもみ洗いしてしっかり絞る。

2 りんごは皮をむき、2cm角くらいの薄切りにする。

3 保存容器に**1**と**2**を入れ、甘酒辛味噌漬け液を入れる。

※2日目くらいからがおいしい。冷蔵庫で10日間保存可能。

p.47



# キャベツの和えもの4種

塩もみして和えるコールスローと、
ゆでて和えるおかずを2つずつ。

## ゆでて和える

### キャベツのオレンジ&クランベリー和え

■材料（作りやすい分量）
キャベツ…1/4個（約150g）
オレンジ…1個
A（ドライクランベリー…20粒、白ワインビネガー＜または、酢＞…大さじ2）
オレンジの皮…適宜

■作り方
**1** オレンジは、1/2個は果汁を絞り、Aと合わせて15分置く。
**2** キャベツはかたい芯は切り取り、ひと口大に切る。熱湯に入れて、30秒ほど湯がく。ざるに上げて流水で冷やし、しっかり絞る。
**3** オレンジの残り1/2個は、薄皮をむいて果肉を取り出してボウルに入れる。**2**と、**1**を汁ごと入れてさっくり和える。器に盛って、お好みでオレンジの皮の細切りを飾る。

### キャベツとアボカドのおかか和え

■材料（作りやすい分量）
キャベツ…1/2個（約300g）
アボカド…1個
かつおけずり節…10g（ふたつかみほど）
A（しょうゆ…小さじ2、酢…小さじ1）

■作り方
**1** かつおけずり節は、手でもんで細かくする。
**2** キャベツを湯がく。「キャベツのオレンジ&クランベリー和え」作り方**2**を参照。
**3** アボカドは、食べやすい大きさに切って、**2**と**1**とAを加えて和える。



## 塩もみして和える

### ミラノコールスロー

■材料（作りやすい分量）
キャベツ…1/2個（約300g）　塩…小さじ1/2
バジルの葉…15枚
A（マヨネーズ・プレーンヨーグルト…各大さじ2、レモン汁・パルミジャーノチーズ…各大さじ1）

■作り方
**1** キャベツはせん切りにし、塩を全体にまぶす。10分置き、流水でもみ洗いしてしっかり絞る。バジルは飾り用を取り分けて、残りは細切りにする。
**2** Aを混ぜ、**1**を加えて和える。器に盛って、バジルを飾る。

※「ミラノ」ではなくなりますが、バジルのかわりに、青じそを使っても。

### ワイキキコールスロー

■材料（作りやすい分量）
紫キャベツ…1/2個（約200g）
塩…小さじ1
くるみ（無塩）…1/2カップ（約80g）
ココナッツロング…大さじ2
A(ココナッツオイル＜溶かしておく＞…大さじ2、レモン汁…大さじ1、塩…小さじ1/3)

■作り方
**1** 紫キャベツはせん切りにし、塩を全体にまぶす。10分置き、流水でもみ洗いしてしっかり絞る。くるみは、3～4等分に砕く。
**2** Aを混ぜ、**1**とココナッツロングを加えて和える。

p.49

## キャベツ豚汁

■材料（作りやすい分量＜4〜5人分＞）
豚こま切れ肉…200g
キャベツ…1/4個（約150g）
にんじん…1本
さつまいも・ごぼう…各1/2本
じゃがいも…1個
玉ねぎ…1/2個
水…700mL
酒…大さじ2
味噌…大さじ4

■作り方
1　キャベツは1〜2㎝角にちぎる。にんじん、さつまいも、じゃがいも、玉ねぎは、1.5㎝角に切る。ごぼうはたわしなどでよく洗い、ささがきにする。豚肉は2㎝角に切る。
2　鍋に、味噌とキャベツ以外のすべての材料を入れる。キャベツを、キャベツでふたをするように最後に入れて中火にかける。沸いてきたらふたをして、少し火を弱めて12〜13分煮る。いも類に火がとおったら、味噌で味をととのえる。
※キャベツが多いと感じるかもしれませんが、煮ているうちにかさが減り、水分が増えるので心配ご無用。

p.48

## 2種のロールキャベツ
### 〜チキン巻き／ベーコン巻き

■材料（各4個分）
サボイキャベツ（外葉）…4枚
黒キャベツ…4枚
鶏ささみ…4本
ベーコン…4枚
A（水…200mL、白ワイン…大さじ2、酢…小さじ1、塩…小さじ1/2）

■作り方
1　ボウルに熱湯を入れ、2種類のキャベツの葉を浸して5分ほど置き、柔らかくする。かたい芯はそぎ切って、広げる。
2　鶏ささみは麺棒などでたたいて薄くのばす。サボイキャベツにのせて包み、巻き終わりを楊枝《ようじ》で留める。
3　黒キャベツの上にベーコンを広げ、端からクルクルと巻き、巻き終わりを楊枝で留める。
4　鍋に**2**と**3**を重ならないようにすき間なく並べる。鍋にすき間ができたら、残ったキャベツなどを入れてロールキャベツが動かないようにして煮る。
5　Aを入れて落としぶたをし、中火にかける。沸いたら火を弱め、ふたをして20分ほど煮てそのまま冷ます。
※塩の量は、ベーコンの塩分によって調節してください。
※普通のキャベツで作ってもおいしい。

p.51

p.51

# 青菜 ～ほうれん草・春菊・青梗菜 recipe

## 2種のキッシュ

同じ配合のアパレイユ（生クリームや卵を混ぜた生地）で作る、手軽な2種類のキッシュ。

### かぼちゃのキッシュ

■材料（17㎝角のキッシュ1台分）

パイシート（冷凍）…2枚（1枚100g×2）

かぼちゃ…200g

ウインナー…6～7本

アパレイユ（生クリーム…200mL、

牛乳…50mL、卵…3個、塩…小さじ1/2）

溶けるチーズ…80g

セルフィーユ…適量

■作り方

**1** パイシートは、表示時間に従って解凍しておく。

**2** かぼちゃは5～6㎜厚さのくし形に切る。水からゆで、柔らかくなったら水気をきる。ウインナーは斜め薄切りにする。

**3** アパレイユの材料をよく混ぜる。オーブンを200℃に予熱する。

**4** パイシートは25㎝長さくらいに綿棒でのばし、2枚を組み合わせて型いっぱいに敷く。底もしっかり敷きつめて、型の縁から少しパイシートを出しておくとよい。

**5** **4**に**2**を並べて**3**を流し込み、溶けるチーズを散らす。200℃のオーブンで、30～40分焼く。竹串を刺して、何もついてこなければ焼き上がり。セルフィーユを添える。

※かぼちゃのかわりにズッキーニなどを使っても。

### ほうれん草とWチーズのキッシュ

■材料（直径18cmのキッシュ1台分）

パイシート（冷凍）…2枚（1枚100g×2）

ほうれん草…1把（約200g）

カマンベールチーズ…120g

アパレイユ（生クリーム…200mL、

牛乳…50mL、卵…3個、塩…小さじ1/2）

溶けるチーズ…80g

■作り方

**1** パイシートは、表示時間に従って解凍しておく。

**2** ほうれん草はさっとゆで、冷水で冷やして水気を絞って3㎝長さに切る。カマンベールチーズは、2～3㎝角に手でちぎる。

**3** 「かぼちゃのキッシュ」作り方**3**～**5**を参照。

※カマンベールチーズは、お手頃なもので OK。

※ほうれん草のかわりに春菊もおすすめ。

p.53

## 青梗菜と厚揚げのさっと煮

■材料（作りやすい分量＜3〜4人分＞）
青梗菜…2株　厚揚げ…2丁（150g×2）
豚ひき肉…100g　しょうが…1片（約20g）
塩…ふたつまみ　酒…大さじ1　植物油…小さじ1
オイスターソース…大さじ1　こしょう…少々

■作り方
1 青梗菜は白い部分は1cm長さに、青い葉の部分は3cm長さに切る。厚揚げは8等分し、熱湯に入れ、油抜きしてざるに上げる。しょうがは粗みじん切りにする。ひき肉に塩と酒をふり、冷蔵庫で5〜6分置く。
2 鍋に植物油をひき、しょうがとひき肉を漬け汁ごと入れて中火にかけて炒める。ひき肉の色がかわったら、厚揚げと青梗菜を入れてふたをして2〜3分蒸し煮する。
3 オイスターソースを入れて全体にからめ、再びフツフツ沸いてきたら火を止める。好みで、こしょうをふる。

p.52

## 春菊とオレンジのサラダ

■材料（2人分）
春菊の葉（※）…1把分（約100g）
オレンジ…1個
A（粒マスタード・オリーブオイル…各大さじ1、白ワインビネガー＜または、酢＞…小さじ2、オレンジママレード…小さじ1）

■作り方
1 春菊は3〜4cm長さに切る。
2 オレンジは、1/2個は果汁を絞り、残りは薄皮をむいて果肉を取り出す。
3 **2**で絞ったオレンジの果汁と、Aをよく混ぜてオレンジドレッシングを作る。
4 **1**とオレンジの果肉を合わせ、**3**をふって手でさっくり和える。

※茎がかたい春菊の葉だけを使います。菊菜の場合は、全体で100gほど。

p.53

## 春菊とエビのむちむちゆで餃子

■材料（2人分＜15個分＞）
春菊…1/2把（約100g）
むきエビ…15尾（約200g）
A（片栗粉…小さじ1、
塩…小さじ1/2）
B（しょうゆ・片栗粉…各小さじ1）
ワンタンの皮…30枚
塩…小さじ1/2
八角（あれば）…1粒
パクチー・ラー油…各適宜

■作り方
1 春菊は、柔らかい葉は1cm長さに、茎は細かく切る。むきエビは1cm幅くらいに切り、Aをもみ込んでよく洗い水気をきる。包丁で粗いみじん切りにする。
2 ボウルに、**1**とBを入れて混ぜる。
3 ワンタンの皮の片面に水を塗って2枚貼り合わせ、**2**を小さじ1ずつ包む。全部で15個作る。
4 鍋にお湯を沸かして塩と八角を入れて、**3**をゆでる。あまりグラグラ沸かさず、80〜90℃でゆでる。
5 器に盛って、好みでパクチーをのせてラー油をたらす。

# アスパラガス recipe

p.55

## アスパラガスの湯葉あんかけ

■材料（2人分）

アスパラガス…4本

湯葉（乾燥）…10g

めんつゆ（※）…大さじ5

水溶き片栗粉（片栗粉・水…各小さじ1）

■作り方

**1** アスパラガスは、穂先から下はピーラーで薄く皮をむく。根元を1cm切り落として3等分する。水からゆで、沸いたら火を止める。

**2** 湯葉は4～5cm角に手で割る。鍋にめんつゆと湯葉を入れて中火にかけ、沸いたら火を止める。ひと呼吸置いて、水溶き片栗粉を加えてとろみをつける（沸いているところへ水溶き片栗粉を入れるとダマになりやすいので注意）。

**3** **1**を器に盛り、**2**をかける。

※めんつゆは、だし4：しょうゆ1：みりん1を合わせて火にかけ、冷まして作ります。

※アスパラガスはお好みのものを。

p.55

## アスパラガスのスパニッシュオムレツ

■材料（作りやすい分量〈4～5人分〉）

アスパラガス…8本

じゃがいも…2個

卵…4個

溶けるチーズ…100g

牛乳…大さじ3

塩…小さじ1/2

植物油…大さじ1

■作り方

**1** アスパラガスは、穂先部分は4cm長さに切る。残りの部分は斜め薄切りにする。

**2** じゃがいもは柔らかくなるまでゆでて皮をむく。ボウルに入れて牛乳を加えてつぶす。冷めたら、溶きほぐした卵を加えて混ぜ合わせる。斜め薄切りにしたアスパラガスと塩も加え、さらに混ぜる。

**3** フライパンに植物油をひき、全体になじませて中火にかける。熱くなったら**2**を流し入れ、穂先のアスパラガスを散らす。ふたをして7～8分焼き、ふたや皿を使ってひっくり返す。ふたをして少し火を弱め、さらに3～4分焼く。

**4** **3**を再びひっくり返して、溶けるチーズを散らす。チーズが溶けるまで2～3分焼く。

※アスパラガスはお好みのものを。

※鉄のフライパンで作るとより味わい深い。また、3で卵液を流し込んだら、耐熱のフライパンなら200℃に予熱したオーブンで15分ほど焼いてもよい。

p.56

p.56

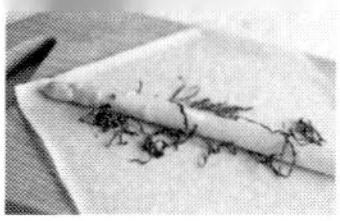

春巻きの皮をひし形状に置き、アスパラガスをのせて塩昆布を散らす。

## 白アスパラガスのミントマリネ

■材料（作りやすい分量）
アスパラガス（白）…8本
A（酢…100mL、水…50mL、はちみつ…大さじ2、白ワイン…大さじ1、塩…小さじ1/2） ミントの葉…2〜3枚（約20g）
レモンの薄切り…2〜3枚

■作り方
**1** Aを鍋に入れて沸かし、冷ます。
**2** アスパラガスは、穂先から下はピーラーで薄く皮をむく。鍋にたっぷりの水を入れて中火で柔らかくなるまでゆでる。
**3** ミントの葉は、飾り用に取り分け、残りは細く刻む。レモンは皮をむく。
**4** 保存容器に熱いアスパラガスを入れて**1**を注ぎ、**3**を入れて半日くらい漬ける。器に盛ってミントの葉をのせる。
※冷蔵庫で5日間保存可能。

## 2種の春巻き、アスパラガスとにんじん

■材料（2人分）
アスパラガス…4本　にんじん…1本
春巻きの皮…6枚　塩昆布…15gほど
揚げ油・塩…各適量

■作り方
**1** アスパラガスは、穂先から下はピーラーで薄く皮をむく。にんじんは横に4等分し、それぞれを縦に4等分し、16本になるように切る。
**2** 春巻きの皮に塩昆布とアスパラガスをのせて巻き水で留める。これを4本作る。
**3** 春巻きの皮2枚を正方形に4等分し、にんじんを2本のせて巻き、水で留める。これを8個作る。
**4** 揚げ油を鍋に2cmくらい入れて熱し、**2**と**3**を、巻き終わりを下にして入れて揚げる。お好みで塩をふる。
※アスパラガスはお好みのものを。

p.57

## アスパラガスとごぼうの炊き込みごはん

■材料（作りやすい分量〈4〜5人分〉）
アスパラガス…6本
ごぼう…1本　米…2合
A（昆布だし〈または、水〉…340mL、酒…大さじ1、しょうゆ…小さじ1、塩…小さじ1/2）
バター…15g
卵…人数分
植物油…適量

■作り方
**1** 米は水で研いで、ざるに上げる。
**2** アスパラガスは横半分に切り、下半分は1cm厚さの小口切りにする。ごぼうは皮ごと洗って斜め薄切りにする。
**3** 鍋に、**1**、**2**、Aを入れて強火にかける。沸いたらふたをし、中火で11〜12分炊く。バターを加えて10分蒸らす。
**4** アスパラガスの上半分は、植物油で炒める。
**5** **3**を器に盛って**4**と目玉焼きをのせる。
※同じ分量で炊飯器でも炊けます。

p.59

# 白菜
*recipe*

## 白菜のクリーム煮

■材料（2人分）
白菜…1/4個
塩…小さじ1/2　白ワイン…大さじ2
バター…20g
薄力粉…小さじ2
牛乳（常温）…150mL
クコの実…適宜

■作り方
**1**　白菜はよく洗って根元をつけたまま、縦半分に切る。
**2**　フライパンに**1**と塩を入れて白ワインをふり、ふたをして5～6分中火で蒸し煮する。白菜を片側に寄せ、空いたところにバターを入れる。バターが溶けたら薄力粉を全体にふり入れる。牛乳を2～3回に分けて加え、白菜にからめる。
**3**　器に盛り、あればクコの実を添える。
※クコの実は、ぬるま湯に1時間以上浸して柔らかくもどす。

p.60

## 白菜下のひき肉はさみ焼き　　白菜上の豚ばら蒸し

白菜1/2個の上半分の柔らかい部分と、下半分のかたい部分を使い分けるレシピ。異なる食感を味わいます。

### 白菜下のひき肉はさみ焼き

■材料（2人分）
白菜（1/2個サイズの下半分のかたい部分）…1/4個
豚ひき肉…100g　味噌…小さじ2
片栗粉・植物油…各小さじ1
ピンクペッパー…適宜

■作り方
**1**　ひき肉、味噌、片栗粉をよく混ぜる。
**2**　白菜は縦半分に切り、葉と葉の間に**1**の肉だねをはさむ。これをもう1つ作る。
**3**　フライパンに植物油をひき、**2**を並べてから中火にかける。表面が焼けたら、ふたをして4～5分蒸し焼きにする。器に盛り、あればピンクペッパーを散らす。

白菜の葉と葉の間に、肉だねを薄くはさむ。

### 白菜上の豚ばら蒸し

■材料（2人分）
白菜（1/2個サイズの上半分の柔らかい部分）…1/4個
豚ばら薄切り肉…150g
A（しょうゆ・みりん…各小さじ2、片栗粉…小さじ1）

■作り方
**1**　Aを混ぜて豚肉にからめ、10分置く。
**2**　白菜の葉と葉の間に**1**をはさみ、縦半分に切る。
**3**　平らな器に**2**をのせて蒸し器に入れ、冷たいうちから蒸し始める。シュンシュン蒸気が上がってきたら、7～8分蒸す。
※蒸し器がない場合は、耐熱のボウルなどに2を入れて、水をはった鍋で蒸しても。

p.61

p.61

## 白菜のスープ2種

うま味成分グルタミン酸が多い野菜。だしいらずでおいしいスープに。

### 白菜の赤いスープ、酸辣湯

■材料（2人分）

白菜…1/6個
トマト…1個
しめじ…1パック（約100g）
A（水…200mL、塩…小さじ1/3）
B（酢…小さじ2～3、豆板醤・ごま油…各小さじ1/2）
塩・黒こしょう…各適量

■作り方

**1** 白菜は5㎜幅に切る。トマトは1～2㎝角に切る。しめじは石づきを切って1㎝長さに切る。

**2** **1**を鍋に入れてAを入れ、中火にかける。沸いたらふたをして、15分煮る。Bを加えて味をみて、足りなければ塩で味をととのえる。好みで黒こしょうをふる。

※Bで加える酢の量は、好みで調整を。

### 白菜と卵の白いスープ

■材料（2人分）

白菜…1/6個
豆腐（お好みのもの）…1/6丁（約50g）
卵白…1個分
A（水…200mL、おろししょうが…1片分、酒…大さじ2、塩…小さじ1/2）
塩・こしょう…各適量

■作り方

**1** 白菜は5㎜幅に切って鍋に入れ、Aを入れて中火にかける。沸いたらふたをして30分煮る。

**2** 豆腐は1㎝角に切って**1**に加え、さらに10分煮る。味をみて、足りなければ塩で味をととのえる。

**3** 卵白をよく溶き混ぜ、**2**に細く流し入れる。そのまましばらく混ぜずに置き、火を止めたら好みでこしょうをふる。

# ブロッコリー・カリフラワー
*recipe*

p.64

## ブロッコリーのおじや

■材料（2人分）
ブロッコリー…1個
冷やご飯…2杯分
A（白ワイン＜または、酒＞…大さじ1、塩…小さじ1/2）
水…適量
塩…少々
ブロッコリースプラウト…1パック

■作り方
**1** ブロッコリーは粗いみじん切りにする。鍋に入れ、ブロッコリーのかさの半分くらいまでの水、Aを入れる。中火にかけてふたをし、15分蒸し煮する。
**2** 冷やご飯を入れ、さらに5～6分煮る。味をみて、足りなければ塩で味をととのえる。器に盛ってブロッコリースプラウトを添える。

p.65

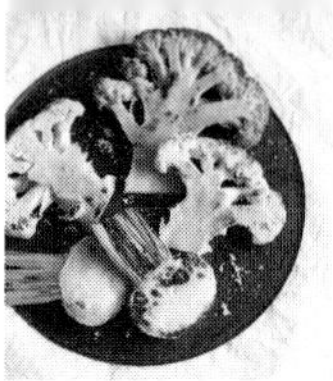

p.63

## 焼きブロッコリーとカリフラワー

■材料（2人分）
ブロッコリー…1個
カリフラワー…1/2個
かぶ…2個
オリーブオイル…小さじ4
塩・粗びきこしょう…各適量

■作り方
**1** ブロッコリーとカリフラワーは、茎ごと縦に7㎜厚さに切る。かぶは縦に5㎜厚さに切る。
**2** フライパンにオリーブオイルをひいて**1**を並べてから、中火にかける。両面じっくり焼き、塩と粗びきこしょうをふる。
※最後までふたをしないで焼きます。

ブロッコリーと
カリフラワーの切り方

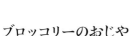

p.64

## 2種のピクルス ～カリフラワー全部&ブロッコリーの茎

薄桃色にしたいときは赤ワインを、色をつけたくないときは白ワインを使います。

### ■材料（作りやすい分量）

マリネ液（酢…180mL、砂糖…大さじ6、ワイン＜赤、または白＞…大さじ4、塩…小さじ1/2、好みのスパイス＜カルダモンパウダーやクミンパウダーなど＞…少々）
カリフラワー…1/2個（約350g）
ブロッコリーの茎…1個分（70～80g）
黒こしょう…適宜

※マリネ液は、常温で1か月間、冷蔵庫で3か月間保存可能。多めに作っておいて、思い立ったらピクルスを。レモン汁やオイルを足して、ドレッシングにしても◎。
※マリネ液は、上記の分量でカリフラワー約1/2個が漬けられます。ブロッコリーの茎1個分は、大さじ4くらいで漬けられます。
※スパイスは、あらかじめ数種類のスパイスを混ぜてあるピクリングスパイスを使っても。

### ■作り方

**1** マリネ液の材料を鍋に入れて火にかけ、沸いたらそのまま冷ます。

**2** カリフラワーは小房に分け、茎も同じような大きさに切る。水からゆでて、沸いたら火を止めてざるに上げる。熱いうちに保存容器に入れて、**1**のマリネ液をかぶるまで注ぐ。

**3** ブロッコリーの茎は、外側のかたいところや気になるところをそぎ切り、2～3㎝角に切る。水からゆで、沸いたら火を止めてざるに上げる。熱いうちに保存容器に入れ、**1**のマリネ液をかぶるまで注ぐ。

**4** 3時間以上漬け、食べるときに、お好みで黒こしょうをふる。

## ブロッコリーのメンチカツ

### ■材料（6個分）

ブロッコリー…1個
合いびき肉…300g
塩…小さじ1/2
薄力粉・溶き卵・パン粉・揚げ油…各適量
レモン…適量
ベビーリーフ…適宜

### ■作り方

**1** ブロッコリーは小房に分けて鍋に入れ、かぶるまで水を入れて火にかける。クタクタに柔らかくなるまでゆでて水気をきり、みじん切りにする。

**2** ボウルにひき肉と塩を入れてよく練り混ぜ、冷ました**1**を加えてさらによく混ぜる。6等分して、小判型に成形する。

**3** 薄力粉、溶き卵、パン粉の順に衣をつけ、180℃に熱した揚げ油でカラッと揚げる。レモンと、あればベビーリーフを添える。

# いまどき葉野菜
## ～クレソン・ケール・パクチー・ルッコラ・スイスチャード・ロメインレタス・みつば
*recipe*

p.67

### スイスチャードとケール、グリルチキンのパワーサラダ

■材料（2人分）
ケール（葉が大きめなもの）…4枚
スイスチャード…2束（約250g）
鶏もも肉…1枚
植物油…小さじ1　塩…ひとつまみ
大麦（または、スペルト小麦など）…1/2 カップ（約80g）　水…200mL
A（レモン汁・粒マスタード…各大さじ2、塩…ひとつまみ、こしょう…少々）

■作り方
**1**　フライパンに植物油をひき、鶏肉を皮目を下にして入れる。ホイルをかぶせて別のフライパンなどを重石としてのせ、強めの中火で15分ほど焼く。ひっくり返して塩をふり、さらに6～7分、火がとおるまで焼く。食べやすい大きさに切る。
**2**　大麦と水を鍋に入れて中火にかけ、沸いたらふたをし、10分ゆでてざるに上げる。
**3**　ケールは縦半分に切って3～4㎝角にちぎる。スイスチャードの葉もケールと同じくらいの大きさにちぎる。**1**でフライパンに残った油でさっと炒め、鮮やかな色になったら火を止める。
**4**　スイスチャードの茎は5㎜長さに細かく切り、Aと混ぜる。
**5**　**1**、**2**、**3**を器に盛り、**4**を全体にかける。

p.68

### そうめんフォー

■材料（2人分）
そうめん…2把（約100g）
しじみ…100g
A（水…300mL、酒…大さじ1、ナンプラー…小さじ2）
レモン汁…小さじ2
塩…小さじ1/3
パクチー…3茎（約30g）
ミント…2茎（約15g）
ミニトマト…3個
もやし…20g

■作り方
**1**　鍋にしじみとAを入れて中火にかけ、沸いてしじみが開いたら、レモン汁と塩で味をととのえる。
**2**　パクチーとミントは、洗って2～3㎝長さに切る。ミニトマトは縦半分に切る。もやしは好みでひげ根を取る。そうめんは表示どおりにゆでてよくもみ洗いし、ざるに上げる。
**3**　器に**2**を盛り、熱々の**1**をかける。

p.69

## ケールの肉包み

■材料（2人分＜4個分＞）
ケール（葉が大きめなもの）…8枚
牛ひき肉…300g
塩…小さじ1/3
植物油…小さじ1
水…大さじ2くらい
A（バルサミコ酢・しょうゆ…各大さじ1、はちみつ…小さじ1）

■作り方
**1** ケールは、筋を包丁でそぎ切る。切った筋と茎は小口に切る。大きめのボウルに熱湯を入れてケールの葉を浸してしんなりさせる。
**2** ひき肉と塩を練り混ぜ、ケールの筋と茎も入れて混ぜる。4等分して4㎝角くらいにまとめる。
**3** ケールの葉2枚を少しずらして重ねて広げ、**2**をのせて包む。これを全部で4個作る。フライパンに植物油をひき、包み終わりを下にして並べて中火にかける。クツクツ焼けてきたら、水を入れてふたをし15分蒸し焼きにして器に盛る。
**4** **3**のフライパンを洗わずに、Aを入れて中火で軽く煮詰めて**3**にかける。

p.68

## 野菜たっぷりヤムウンセン

■材料（作りやすい分量＜4〜5人分＞）
春雨（乾燥）…25g
セロリ・きゅうり…各1本
セロリの葉…3〜4枚
塩…小さじ1/2　むきエビ…15尾
A（片栗粉…大さじ1、塩…小さじ1）
パクチー…2茎（約20g）
ミントの葉…1茎分（約8g）
しょうが…1片（約20g）
ピーナッツ（有塩）…1/2カップ（約60g）
B（レモン汁…大さじ5＜レモン1個分＞、ナンプラー…大さじ3、砂糖…小さじ2）

■作り方
**1** セロリは斜め薄切りにし、セロリの葉はせん切りにする。きゅうりはしま目に皮をむき、薄い輪切りにする。全部をボウルに入れて塩をふり、10分置いて流水でもみ洗いし、さらしなどでしっかり水気を絞る。
**2** 春雨は表示どおりにもどし、食べやすい長さに切る。むきエビは、Aをまぶしてもみ洗いして汚れとくさみを取り、春雨とゆでて水気をきる。
**3** パクチーは2〜3㎝長さのざく切りにする。ミントの葉は飾り用に取り分け、残りはしょうがとともに粗みじん切りにする。ピーナッツを細かく砕く。
**4** Bを混ぜ、**1**、**2**、**3**を入れて和える。器に盛り、ミントの葉を飾る。

※お好みで、刻んだ青唐辛子などを入れると辛さとパンチが出ます。

p.70

## みつばと鯛のサラダ

■材料（2人分）

鯛（刺し身用）…1サク（約150g）

みつば…1束

A（レモン汁…大さじ3　塩…小さじ1/3

オリーブオイル…小さじ2）

フィンガーライム（または、ライムやレモン）…適宜

■作り方

**1** みつばは葉と茎に分けて、葉は2～3cm長さにちぎり、茎は細かい小口切りにする。鯛は薄く切る。

**2** ボウルにAを入れて混ぜ合わせ、**1**を入れて手で和え、5～6分なじませる。

**3** 器に盛り、あればフィンガーライムを添える。

※フィンガーライムとは、粒々のキャビアのような果肉がつまった果実。柑橘《かんきつ》系の爽やかな風味です。

※冷蔵庫で1時間ほどなじませてもおいしい。

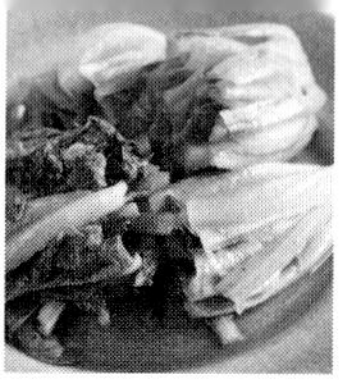

p.70

## ロメインレタスのアンチョビ炒め

■材料（2人分）

ロメインレタス…1個（約200g）

アンチョビ…1缶（正味約30g）

植物油…小さじ2

■作り方

**1** ロメインレタスは縦に3～4等分、横2等分に切る。

**2** フライパンに植物油をひいて中火にかけ、油をきったアンチョビを炒める。**1**を加えて、鮮やかな緑色になり少ししんなりするまで焼く。炒めるというより、ひっくり返しながら焼く。

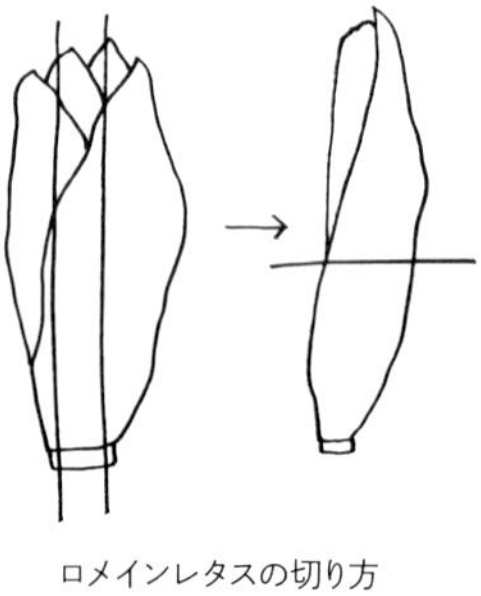

ロメインレタスの切り方

p.71

## パクチーのサラダ

■材料（2人分）
パクチー（葉の部分）…10茎（約100g）
豚ひき肉…50g
ごま油…小さじ1
ラー油…小さじ1/2
A（ナンプラー・白すりごま…各小さじ2、きび砂糖…小さじ1/2、ガラムマサラ＜または、クミンパウダー＞…適宜）

■作り方
1 パクチーは葉をちぎり、よく水気をきる。
2 フライパンにごま油をひき、ラー油とひき肉を入れてから中火にかけて炒める。ひき肉が色づいたら、Aを加えて炒め合わせる。
3 器に**1**を盛り、**2**を添える。

※ごま油は香りのあるものをお使いください。
※残ったパクチーの茎は、小口に切って、トッピングやドレッシングに混ぜるなどして使いましょう。
※きび砂糖がない場合は、砂糖をやや少なめに使ってください。

p.71

## クレソンのサラダ

■材料（2人分）
クレソン（葉の部分）…2束分（約80g）
りんご…1/4個
A（甘酒・マヨネーズ…各大さじ1、バルサミコ酢…小さじ2）

■作り方
1 クレソンは3～4cm長さにちぎる。りんごは1/8サイズのくし形に切り、さらに横に薄く切って水気を拭く。このとき、皮を少し残してむくとかわいい。
2 器に**1**を盛り、よく混ぜたAをかける。

※残ったクレソンの茎は、小口に切ってサラダにトッピングしたり、炒めてご飯に混ぜても。

p.71

## ルッコラのサラダ

■材料（2人分）
ルッコラ…2束（約80g）
パルミジャーノチーズ…30g
A（白すりごま・レモン汁…各大さじ2、オリーブオイル…小さじ4）
ルッコラの花…適宜

■作り方
1 ルッコラは茎の下の方3cmほどは切り落とし、3cm長さにちぎってよく水気をきる。パルミジャーノチーズはピーラーなどで薄く削る。
2 器に**1**を盛り、よく混ぜたAをかける。あれば、ルッコラの花を飾る。

※残ったルッコラの茎は、細かく切ってサラダなどにして使いましょう。オリーブオイルに漬けて、薬味にしても。

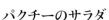

# 玉ねぎ・長ねぎ recipe

p.73

## 長ねぎとクスクスのサラダ

■材料（2人分）
長ねぎ…2本
ベーコン（ブロック、または厚切り）…100g
オリーブオイル…小さじ2
クスクス…1/2カップ（約80g）
熱湯…100mL
白ワイン（または、酒）…大さじ1
レモン…1個

■作り方
**1** ボウルにクスクスを入れ、熱湯と白ワインを入れる。ふたをして10分そのまま置く。ベーコンは5㎜角に切る。
**2** 長ねぎは6～7㎝長さに切り、オリーブオイルをひいたアルミホイルにのせる。ベーコンを散らし、焼き網やグリルでこげないように注意しながら7～8分焼く。焼き上がったら、レモンを絞ってクスクスとからめて器に盛る。
※ベーコンは、なければ薄切りを使っても。

p.73

## 焼き玉ねぎとくるみのサラダ

■材料（2人分）
玉ねぎ（お好みのもの）…4～5個（約800～900g）
植物油…大さじ1
水…大さじ2
塩…小さじ1/3
オリーブ（種なし）…20粒
くるみ（無塩）…1/2カップ（約80g）
パルミジャーノチーズ…40g

■作り方
**1** 玉ねぎは根元を切って横半分に切る。大きさにより、さらに2～3等分する。
**2** フライパンに植物油をひいて、玉ねぎを並べる。中火にかけ、表面がこんがり焼けるまでそのまま5分焼く。水と塩を加えて少し火を弱め、ふたをして10分ほど蒸し焼きにする（途中で、ふたは決して開けない）。ふたを開けて、水分をとばすようにさらに1～2分焼く。
**3** オリーブはみじん切りにする。くるみは5～6片に砕く。パルミジャーノチーズは、半量をすりおろし、オリーブ、くるみと混ぜる。
**4** 器に**2**を盛って**3**をふり、残り半分のパルミジャーノチーズを削って散らす。

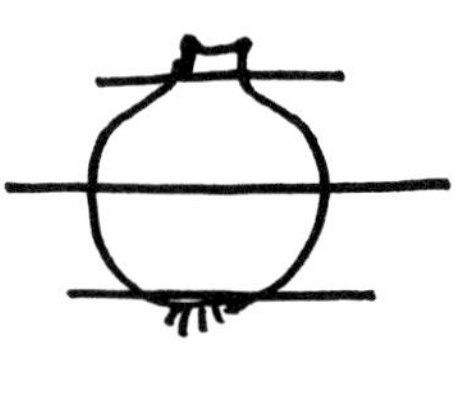
玉ねぎの切り方

*p.74*

## 長ねぎのみかんマリネ

■材料（作りやすい分量〈3～4人分〉）

長ねぎ…3本

A（みかんの果汁…1個分、水…大さじ4、白ワイン…大さじ2、粒マスタード…大さじ1、塩…小さじ1/2）

オレンジママレード…大さじ2

みかんの皮…適量（1/2個分くらい）

■作り方

**1** 長ねぎは3㎝長さに切る。鍋にびっしりと、長ねぎが動かないように並べる。Aを加えて紙ぶたをし、全体を押さえて重石になるような小皿をのせる。

**2** 中火にかけ、フツフツと沸いてきたら弱火にして30～40分煮る。煮汁がなくなってきたら、少し水を足す。

**3** 重石とふたを取り、オレンジママレードを加える。優しく全体をからめ、火を止めてそのまま冷ます。

**4** みかんの皮は白い部分をこそげ取り、せん切りにして**2**に入れる。冷蔵庫で30分以上冷やす。

※冷蔵庫で5日間保存可能。

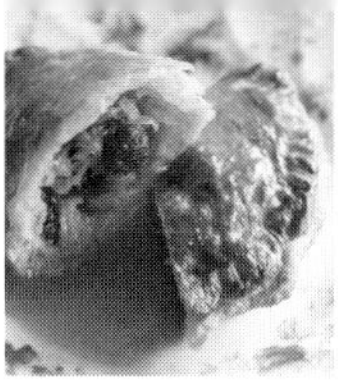

*p.74*

## 玉ねぎのパイ

■材料（4個分）

パイシート（冷凍）…2枚（1枚100g×2）

玉ねぎ…2個

干しぶどう…20粒

ラム酒…大さじ1

植物油…小さじ2

塩…小さじ1/2

溶き卵…1個分

■作り方

**1** パイシートは、表示時間に従って解凍しておく。干しぶどうにラム酒をふって、20分ほど置く。

**2** 玉ねぎは縦半分に切り、繊維を断つように横に薄切りにする。フライパンに植物油をひき、玉ねぎと塩を入れてから強火で炒める。少しこげ目がつくような感じで炒め、全体にしんなりしてきたら、火を弱めてさらに10分ほど炒める。**1**の干しぶどうをラム酒ごと加えて混ぜる。

**3** オーブンを200℃に予熱する。パイシートを半分に切って正方形にし、**2**の1/4を片側に置いて半分に折る。半円になるように指で成形し、フォークなどで縁をしっかり留め、表面に溶き卵を塗る。これを全部で4個作る。

**4** 200℃のオーブンで20～25分焼く。

※玉ねぎは長時間炒める必要はないですが、薄いきつね色になるまで炒めます。

# 玉ねぎ・長ねぎ
recipe

p.75

## 玉ねぎと卵の甘煮

■材料（2人分）
玉ねぎ…1個
卵…3個
酒…大さじ1
砂糖…大さじ2

■作り方
1 玉ねぎは縦半分に切り、繊維を断つように横に薄切りにする。卵は菜箸で切るように溶きほぐす。
2 鍋に、玉ねぎと酒を入れて中火にかけ、こがさないように炒り煮する。玉ねぎがしんなりしてきたら、溶き卵と砂糖を加える。溶き卵を全体にからめるように混ぜながら、卵に7割ほど火をとおす。

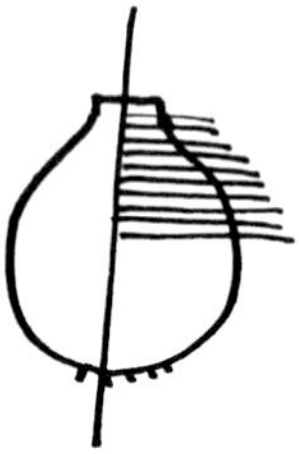

玉ねぎの切り方

p.75

## 玉ねぎと鯖の酢じょうゆ煮

■材料（作りやすい分量〈4切れ〉）
鯖（切り身）…4切れ（1尾分、約300ｇ）
玉ねぎ…1個
水…200mL
酢…大さじ3
A（酢…大さじ3、しょうゆ・酒…各大さじ2）

■作り方
1 鯖は血や脂をきれいに洗って水気を拭く。鍋に並べて入れ、水と酢を入れて中火にかける。沸いたらざるに上げ、水気をふき、鯖のくさみを取る。
2 玉ねぎは縦半分に切ってくし形に薄く切り、半量を鍋に入れる。鯖をのせ、残りの玉ねぎを入れる。
3 Aを加えて落としぶたをのせ、中火にかける。沸いたら火を弱めて10分ほど煮る。

p.76

# 作り置きおかず　その2

1年をとおして作り続けたい、定番の作り置き。作り置くことで味がよくしみ、おいしさも増します。

## さつまいものレモン風味

■材料（作りやすい分量）
さつまいも…1本（約300g）
くちなしの実…1個（あれば）
A（レモン汁・グラニュー糖…各大さじ3、水・白ワイン…各大さじ2）

■作り方
1 さつまいもは1cm厚さの輪切りにし、心に余裕があれば、面取りする。鍋にたっぷりの水とともに入れ、くちなしの実を加えて水からゆでる。竹串を刺してスッととおるまで柔らかくゆでる。
2 小鍋にAを入れて中火にかけ、よく混ぜる。沸いたら火を止めて保存容器に入れる。**1**が熱いうちに入れてそのまま冷まし、1晩くらい置く。

※冷蔵庫で6日間保存可能。
※くちなしの実を入れると鮮やかな黄色になります。

## じゃがいものトマト煮

■材料（作りやすい分量）
じゃがいも…3個（約300g）
トマト…3個（約300g）
A（しょうゆ・酒…各大さじ1）

■作り方
1 じゃがいもは2～3cm角に切って水に浸す。トマト1個は、ヘタを持って皮ごとすりおろし、ヘタは捨てる。残りは2cm角に切る。
2 鍋に**1**とAを入れて落としぶたをし、中火にかける。沸いたらふたをして10分煮る。

※冷蔵庫で5日間保存可能。

## ピーマンのマリネ

■材料（作りやすい分量）
ピーマン（お好みのもの）…6個
A（しょうゆ・酒…各大さじ2、酢…大さじ1、はちみつ…小さじ2）

■作り方
1 ピーマンは丸ごとグリルに並べて、皮が黒くこげるまで7～8分焼く。
2 すぐに密閉容器に入れて1～2分蒸らし、皮をむいてヘタを切って種を取る。
3 小鍋にAを入れて中火にかけ、沸いたら火を止める。保存容器に入れて、**2**を加えてからめる。

※冷蔵庫で5日間保存可能。

## 玉ねぎの粒マスタード煮

■材料（作りやすい分量）
玉ねぎ（お好みのもの）…4個（約250g）
白ワイン（または、酒）…大さじ3
粒マスタード…小さじ5
酢…小さじ2
塩…小さじ1/2

■作り方
1 玉ねぎはくし形に6等分に切って鍋に入れる。残りの材料を加えて紙ぶたをし、中火にかける。フツフツと少し沸いてきたら、ふたをして10分蒸し煮してそのまま冷ます。

※冷蔵庫で7日間保存可能。
※赤玉ねぎ、ペコロス、白玉ねぎを使っていますが、1種類でも。

p.81

p.79

# いも類 recipe

## 里いものドーフィノア（グラタン）

■材料（２人分）
里いも…８個（約400g）
A（生クリーム…200mL、牛乳…100mL、塩…小さじ1/3）
溶けるチーズ…200g
タイム…適宜

■作り方
**1** 里いもは乾いたまま皮をむき、縦に４等分して洗う。
**2** 鍋に **1** とAを入れて中火にかけ、沸いたら火を弱めてふたをして20分煮る。竹串などを刺して、里いもが完全に柔らかくなっているか確かめる。かたかったら、さらに数分加熱する。
**3** 耐熱皿に **2** を入れ、溶けるチーズをのせる。グリルやオーブントースターで、チーズにこげ目がつくまで10分ほど焼く。あれば、タイムをのせる。
※オーブンで焼く場合、200℃で予熱したオーブンで10分ほど焼きます。

## いろいろ根菜のエチュベ（蒸し煮）

■材料（作りやすい分量＜４〜５人分＞）
ビーツ…1個
さつまいも…１本
にんじん…１本
じゃがいも（小さめ）…４個
れんこん…100g（直径7cm×10cmくらい）
かぶ…２個
A（白ワイン…100mL、水…大さじ3、塩…小さじ1）

■作り方
**1** ビーツとかぶは厚めに皮をむいて食べやすい大きさに切る。さつまいもは1cm厚さに切る。にんじん、じゃがいも、れんこんも皮をむき、食べやすい大きさに切る。
**2** 厚手の鍋に **1** を入れてAを注ぎ、紙ぶたをする。ふたをして中火にかけ、フツフツと沸いてきたら弱火にして30分ほど蒸し煮する。
※鍋は、ふたが完全に閉まるものを使用してください。
※野菜は里いも、かぼちゃ、大根などを入れてもおいしい。

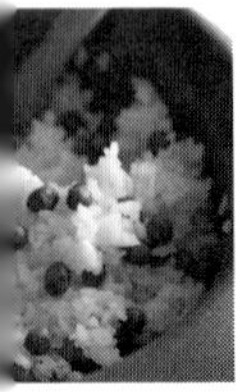

p.81

## むかごごはん

■材料（作りやすい分量＜４〜５人分＞）
むかご…200g
米…2合
A（水…350mL、酒…大さじ1、塩…小さじ1、しょうがのしぼり汁…小さじ1）

■作り方
**1** 米は水で研いで水気をきり、土鍋に入れる。
**2** むかごはよく洗って **1** に入れ、Aも入れて強火にかける。沸いたらふたをして、中火で11〜12分炊く。
**3** 炊き上がったら、10分蒸らしてさっくり混ぜる。

根

p.80

## 定番の肉じゃが

■材料（作りやすい分量＜4～5人分＞）
じゃがいも…5個（約500g）
にんじん…1本
玉ねぎ…1個
牛こま切れ肉…300g
白滝…200g
酒…大さじ1
A（水…100mL、酒…50mL、きび砂糖…大さじ4）
B（しょうゆ…大さじ4、みりん…大さじ1）

■作り方

**1** じゃがいもは4等分に切る。にんじんは2～3㎝角の乱切りにする。玉ねぎは縦半分に切り、くし形の薄切りにする。牛肉は食べやすい大きさに切り、酒をふる。白滝は5～6㎝長さに切って水からゆで、沸いたらざるに上げる。

**2** 鍋に**1**とAを入れ、落としぶたをして中火にかける。フツフツ沸いたら、ふたをして少し火を弱めて20分ほど煮る。

**3** じゃがいもが柔らかくなったら、Bを加えて火を強め7～8分煮る。煮汁が8割くらいなくなったらでき上がり。

※きび砂糖がない場合は、砂糖をやや少なめに使ってください。

p.80

## ひき肉バター肉じゃが

■材料（作りやすい分量＜3～4人分＞）
新じゃがいも…10個（約500g）
玉ねぎ…1個
合びき肉…200g
植物油…小さじ1
A（白ワイン・水…各100mL、塩…小さじ1）
バター…20g
イタリアンパセリ…適宜

■作り方

**1** 新じゃがいもは皮ごとよく洗い、半分に切る。玉ねぎは1㎝角に切る。

**2** 鍋に植物油をひき、玉ねぎを入れてから中火で炒める。玉ねぎが半透明になったら、ひき肉を加えてさらに炒める。だいたい火がとおったら、Aとじゃがいもを入れ、ふたをして12～13分蒸し煮する。

**3** じゃがいもに竹串を刺して、柔らかくなっているのを確認したら、少し火を強める。水分をとばすように2～3分加熱し、バターを加えて全体にからめる。

**4** 器に盛り、あればイタリアンパセリを飾る。

※新じゃがいもがない場合は、メークインなど煮崩れしにくいじゃがいもを5個使います。

# れんこん
*recipe*

p.83

## れんこんごはん

■材料（作りやすい分量〈4〜5人分〉）
れんこん…200g（直径7cm×20cm）
植物油…小さじ1
温かいご飯…4杯分くらい
A（バター…20g、しょうゆ…大さじ1、
塩…ひとつまみ）
ローズマリー…適量

■作り方
**1** れんこんは半量は1cm角に切り、残りは7〜8mm厚さの半月切りにする。大きければいちょう切りにする。
**2** フライパンに植物油をひき、れんこんを入れてから中火にかけて炒める。れんこんが半透明になってきたら、Aを加えて火を止める。温かいご飯に汁ごと入れて混ぜ、器に盛る。
**3** ローズマリーの葉をちぎって**2**に散らす。

## ブルーチーズ焼き

■材料（2人分）
れんこん…100g
ブルーチーズ…30g
植物油…小さじ1

■作り方
**1** れんこんは4〜5mm厚さの輪切りにする。フライパンに植物油をひき、れんこんを並べて中火にかけ、両面をこんがりするまでじっくり焼く。
**2** ブルーチーズを粗く崩して入れ、からめて焼き上げる。

## トマト黒こしょう焼き

■材料（2人分）
れんこん…100g
トマト…1個
植物油…小さじ2
タイム…2枝（約10g）
塩…小さじ1/3
黒こしょう…適量

■作り方
**1** れんこんは4〜5mm厚さの輪切りにする。トマトも同じように輪切りにする。
**2** フライパンに植物油をひき、中火にかけてトマトを焼く。トマトが崩れてきたら、れんこんとタイム、塩を入れて両面こんがり焼き、黒こしょうをふる。

p.84

# 焼きれんこん５種

切り方とパートナーをかえて、別趣なたのしみを。
れんこんの懐の深さに気づく５品です。
れんこんは、全て皮をむいて使います。

## 甘酢焼き

■材料（２人分）
れんこん…100ｇ
片栗粉…小さじ1
酢…小さじ2
Ａ（しょうゆ…小さじ2、
はちみつ…小さじ1）
植物油…小さじ1

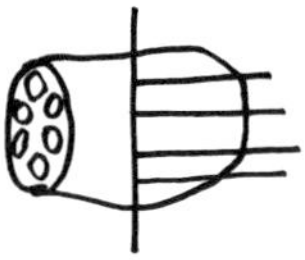

れんこんの切り方

■作り方
**1** れんこんは４～５㎝長さに切り、縦に１㎝角くらいに切る。片栗粉を薄くまぶす。
**2** 鍋に植物油をひいてれんこんを入れ、中火で炒める。熱くなってきたら酢を加え、半透明になるまでさらに炒める。混ぜたＡを加えてさっとからめる。

## 梅じそ焼き

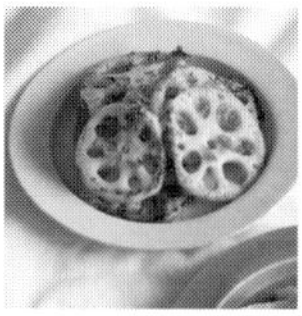

■材料（２人分）
れんこん…100ｇ
梅干し…1個
青じそ…5枚
植物油…小さじ1

■作り方
**1** れんこんは５㎜厚さの輪切りにする。フライパンに植物油をひき、れんこんを並べて中火にかけ、両面をこんがりするまでじっくり焼く。
**2** 梅干しは種を取り、包丁で細かくたたく。青じそはせん切りにする。
**3** **2**を**1**に入れてさっとからめる。

## 山椒焼き

■材料（２人分）
れんこん…100ｇ
Ａ（粉山椒…小さじ1/2、
塩…小さじ1/3）
植物油…小さじ1
木の芽…2～3枚

■作り方
**1** れんこんは２～３㎜厚さの輪切りにして４等分し、いちょう切りにする。
**2** 木の芽１～２枚を刻む。
**3** フライパンに植物油をひき、れんこんを入れて中火で炒める。れんこんが半透明になってきたら、Ａと**2**を入れてからめる。器に盛り、木の芽を１枚飾る。

# 大根
*recipe*

p.88

## 大根とツナ、貝柱的サラダ

■材料（2人分）
大根…1/2本（約350g）
紅芯大根…適宜
塩…小さじ1
えのきたけ…1袋（下から3cm分だけ使用）
ツナ…1缶（約80g）
A（レモン汁…大さじ3、塩…小さじ1/3、黒こしょう…少々）

■作り方
1 大根は皮をむき、紅芯大根（皮は好みでむき）とともにせん切りにして塩でもみ、5分置く。
2 えのきたけは石づきを切り落とし、下から3cm長さに切る。小さなひと口大に裂き、熱湯で30秒ほど湯がいて水気をきる。ツナもしっかり汁気をきる。
3 ボウルにAを入れて混ぜ、**1**、**2**を入れて和える。

※紅芯大根は、あれば1cm厚さくらい入れると鮮やかになります。
※えのきたけは、下から3cm分以外は使いません。残りは、味噌汁や和えものなどほかの料理に使ってください。
※せん切りはスライサーやチーズおろしを使っても。

p.87

## 紅芯大根ときんかんのマリネ

■材料（4〜5人分）
紅芯大根…1個（約300g）
きんかん…10個
A（レモン汁・オリーブオイル…各大さじ3、はちみつ…大さじ1）
ピスタチオ（あれば、無塩の生）…大さじ3

■作り方
1 紅芯大根は（皮は好みでむき）、薄い半月切りにして、氷水にさらす。
2 鍋にきんかんを入れ、きんかんが完全にかぶるくらい水を入れて中火にかける。沸いたらざるに上げ、8個は種を取りながら横に薄切りにする。2個はみじん切りにする。
3 ボウルにAを入れてよく混ぜ、みじん切りのきんかんも加えて混ぜる。
4 **1**の水気をよくきって器に並べ、薄切りのきんかんをのせる。**3**を回しかけ、刻んだピスタチオを散らす。

※ピスタチオは、くるみでも。

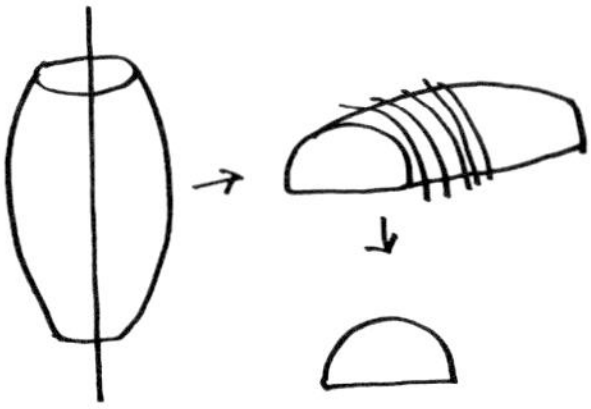

紅芯大根の切り方

p.89

## 大根と牛すじの煮物

■材料（作りやすい分量＜4～5人分＞）
牛すじ肉…500g
酢…50mL
大根…1/2本（約350g）
しょうが…3片（約60g）
A（水…60mL、牛すじのゆで汁…50mL、赤ワイン…大さじ3、しょうゆ・きび砂糖…各大さじ2）
八丁味噌…大さじ2　万能ねぎ…適量

■作り方
**1** 牛すじはさっと洗って鍋に入れ、牛すじが完全にかぶるまで水を入れる。酢も入れて中火にかけ、煮立ったら弱火で2時間ゆでる。途中で水が減ったら、水を足す。粗熱が取れたら、ぬるま湯で流しながらよく洗って水気をきり、食べやすい大きさに切る。
**2** 大根は皮をむいて2～3㎝厚さの輪切りにし、4等分していちょう切りにする。しょうがは斜め薄切りにする。
**3** 鍋に**1**、**2**、Aを入れ、落としぶたをして中火にかけ、沸いたらふたをして弱火で20分煮る。煮汁で溶いた八丁味噌を加えて底からよく混ぜ、ふたを外してさらに10分煮る。火を止め、そのまま冷ます。
**4** 食べるときに温めて器に盛り、万能ねぎの小口切りを散らす。
※甘く濃い味にしたい場合は、きび砂糖としょうゆを足します。少し冷めてから味をみてととのえましょう。
※きび砂糖がない場合は、砂糖をやや少なめに使ってください。

p.88

## 大根とにんじんの田舎煮

■材料（作りやすい分量＜4～5人分＞）
大根…1/2本（約350g）
にんじん…1本
油揚げ…2枚
植物油…大さじ1
A（薄口しょうゆ、砂糖…各大さじ1）

■作り方
**1** 大根は少し厚めに皮をむき、厚さ8㎜ほどの輪切りにする。さらに、8㎜幅のマッチ棒状に切る。にんじんも同様に切る。油揚げは熱湯に入れて油抜きして水気をきる。縦半分に切って細く切る。
**2** **1**がすべて入る大きさの鍋に植物油をひき、**1**を入れてから中火にかけて炒める。油が回ってツヤツヤし、しんなりしてきたらAを加える。
**3** **2**に紙ぶたをして、中火のまま8分ほど煮る。火を止めてそのまま冷ます。
※冷たいほうがおいしいですが、お好みで温めても。
※煮汁がなくなるギリギリまで煮るので、こげつかないように注意。コツは音を聞きながら煮ること、煮汁があるうちは音がします。
※薄口しょうゆがない場合は、しょうゆ大さじ1強を使います。

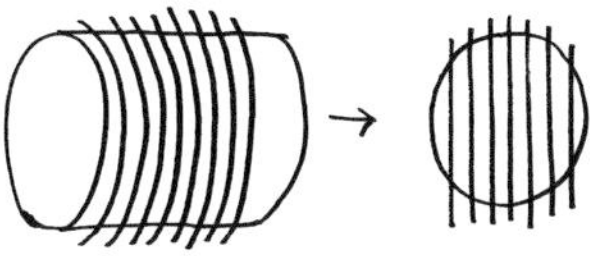

大根の切り方

# ごぼう *recipe*

*p.92*

## ごぼうサラダ

■材料（作りやすい分量＜3〜4人分＞）

ごぼう…2本

酢…小さじ1

A（卵黄…2個分、酢…大さじ2、きび砂糖…小さじ1、塩…小さじ1/2）

ごま油…150〜180mL

白すりごま…大さじ1

パセリ…適量

■作り方

**1** ごぼうはたわしなどでよく洗い、せん切りにする。鍋に入れ、ひたひたに水を入れて酢も入れる。柔らかくなるまでゆで、ざるに上げる。

**2** ごまマヨネーズを作る。ボウルにAを入れ、フードプロセッサーなどでかく拌する。完全に混ざったら、ごま油を2〜3回に分けて加え、ゆるさを調節しながら混ぜる。白すりごまも加えて混ぜる。

**3** **1**と**2**を和えて器に盛り、パセリのみじん切りをふる。

※ごまマヨネーズは少し多めにできるので、量はお好みで調節を。冷蔵庫で3日間保存可能。

※ごま油は、香りがあるものがおすすめ。

※きび砂糖がない場合は、砂糖をやや少なめに使ってください。

*p.91*

## 筑前炊き

■材料（作りやすい分量＜4〜5人分＞）

鶏もも肉（唐揚げ用）…6切れ（約200g）

A（酒…大さじ1、塩…小さじ1/2）

きぬさや…10本　こんにゃく…1枚

にんじん・ごぼう…各1本

れんこん…200g　植物油…小さじ1

B（だし＜または、水＞…200mL
粉末黒砂糖…小さじ2）

C（しょうゆ・みりん…各大さじ1）

■作り方

**1** 鶏肉は食べやすい大きさに切り、Aをもみこんで10分置く。きぬさやは筋を取り、さっとゆでる。

**2** こんにゃくは、格子状に切り目を入れてから2cm角くらいにちぎる。鍋に入れて水をひたひたに加え、水からゆでてざるに上げる。

**3** にんじんはひと口大の乱切りに、れんこんは1cm厚さのいちょう切りにする。ごぼうはたわしなどでよく洗って、斜め薄切りにする。

**4** 鍋に植物油をひき、鶏肉を漬け汁ごと入れて中火で炒める。鶏肉の表面の色が変わってきたら**2**と**3**を入れ、Bを入れる。沸いたら火を弱めてふたをし、6〜7分蒸し煮する。

**5** Cを加えて鍋をゆすり、全体にからめる。沸いたら火を止めてそのまま冷ます。器にきぬさやとともに盛る。

※冷たくてもおいしいですが、食べるときに温めてもよい。

※粉末黒砂糖がない場合は、砂糖をやや少なめに使ってください。

p.93

## 2種のひりょうず（飛竜頭）

■材料（作りやすい分量＜4〜5人分＞）
豆腐（好みのもの）…2丁
片栗粉…大さじ2
塩…小さじ2/3
A（ごぼう…1/2本、いんげん…6本）
B（ごぼう・にんじん…各1/2本、玉ねぎ…1/4個）
揚げ油・大根おろし…各適量

■作り方
**1** 豆腐はペーパータオルに包んでざるにのせ、重石をかけて水気をきる。手で割れるくらい水気をきったら、1丁ずつ2つのボウルに入れる。それぞれに、片栗粉大さじ1と塩小さじ1/3を入れる。
**2** A、Bそれぞれのごぼうはたわしなどでよく洗ってせん切りにする。にんじんもせん切りにする。いんげんはヘタを取り、斜め薄切りにする。玉ねぎはくし形の薄切りにする。
**3** AとBの材料は、それぞれ**1**のボウルに入れてよく混ぜる。
**4** **3**を、手のひらではさんでだ円に成形し、180℃に熱した揚げ油でこんがり揚げる。器に盛って大根おろしを添える。
※春には、香りがよい春ごぼうを使うのがおすすめ。
※お好みでしょうゆやめんつゆを添えても。

p.92

## ごぼうのエチュベ（蒸し煮）

■材料（作りやすい分量＜2〜3人分＞）
ごぼう…2本
A（バルサミコ酢…大さじ4、しょうゆ・赤ワイン…各大さじ2）
はちみつ…小さじ2
白炒りごま…適量

■作り方
**1** ごぼうはたわしなどでよく洗い、斜め薄切りにする。
**2** ごぼうを鍋に入れ、Aを入れる。ふたをして中火で5分、火を弱めて7〜8分蒸し煮する。火を止めてはちみつを加えてからめ、そのまま冷ます。
**3** 器に盛って、白炒りごまをふる。
※ややこげやすいので注意して。

ごぼうの切り方

# かぶ
*recipe*

p.95

## かぶとトマトのラザニア

■材料（2人分）
かぶ…3個
トマト…2個
かぶの葉…3～4茎
合いびき肉…200g
A（ケチャップ…大さじ1、酢…小さじ1、塩…小さじ1/2）

■作り方
**1** かぶ2個とトマト1個は、それぞれ縦に2～3㎜厚さの輪切りにする。
**2** 残りのかぶ1個は皮をむき、1㎝角に切る。かぶの葉は小口切りにする。残りのトマト1個はヘタを持って皮ごとすりおろす。
**3** 鍋にひき肉、**2**、Aを入れて中火にかける。沸いてきたら、全体を混ぜながら完全に火をとおして耐熱皿に入れる。
**4** **3**の上に、**1**のかぶとトマトを交互に並べ、グリルかオーブントースターでこげ目がつくまで7～8分焼く。

p.95

## かぶのグラタン

■材料（2人分）
かぶ…4個
かぶの葉…3個分（約150g）
牛乳…200mL
バター…30g
薄力粉…大さじ2
溶けるチーズ…30g
植物油…小さじ1
塩…小さじ1/2
A（こしょう…少々、クローブパウダー…適宜）

■作り方
**1** かぶは皮をむいて縦に薄切りにし、かぶの葉は小口に切る。
**2** 鍋に植物油をひき、かぶの葉を中火で炒める。しんなりしてきたらバターを加えて、溶けたら薄力粉をふり入れて全体をよく混ぜる。牛乳を2回に分けて加え混ぜ､塩を加えて味をととのえる。
**3** **2**にかぶを入れ、フツフツと沸いてきたら、Aをふって混ぜ、耐熱皿に入れる。
**4** 溶けるチーズを散らし、グリルかオーブントースターでチーズにこげ目がつくまで10分ほど焼く。

p.96

## かぶの梅蒸し

■材料（でき上がり4個分）
かぶ…6個
梅干し…2個
A（酒・しょうゆ…各大さじ1）
木の芽…適宜

■作り方
**1** かぶは厚めに皮をむき、4個分は下部が平らになるよう薄く切り取り、上部は2cm深さのくぼみになるようスプーンでくり抜く。
**2** 梅干しは、包丁で細かくたたく。
**3** **1**でくり抜いたかぶと、残りのかぶ2個はすりおろして、**2**、Aと混ぜる。
**4** **1**に**3**をこんもりと入れて耐熱皿にのせ、蒸し器に入れる。冷たいうちから蒸し始め、蒸気がシュンシュン上がってきたら、さらに10分蒸す。あれば、木の芽を添える。

p.96

かぶとりんごが動かないように、すき間なく入れるのがポイント。

## かぶとりんごのココット焼き

■材料（2人分）
かぶ（あれば、葉つき）…2個
りんご（あれば、紅玉《こうぎょく》）…1個
A（白ワイン…大さじ2、オリーブオイル…小さじ1、レモン汁…大さじ2、塩…小さじ1/2、ローズマリー…2本）

■作り方
**1** りんごは縦6等分に切って芯を取り、皮を少し残してむき、ひと口大に切る。
**2** かぶは、葉を3～4cm残して切り、よく洗って皮をむく。厚手のココット鍋にかぶを並べて、りんごをすき間に入れる。Aを加えてふたをして、180℃に予熱したオーブンで20分焼く。

※直火にかける場合は、ふたをして弱火で4分、中火で10分加熱します。
※ブルーチーズや、クリーミーなエポワスチーズを添えて食べるのもおすすめ。

p.97

## かぶと鶏肉の煮物

■材料（作りやすい分量＜3～4人分＞）
かぶ（大きめのもの）…4個（約400g）
鶏もも肉…1枚（約300g）
かぶの葉（茎も含む）…2個分
しょうゆ…小さじ1
A（水…100mL、みりん・酒…各大さじ2、薄口しょうゆ…大さじ1）

■作り方
**1** かぶは少し厚めに皮をむき、縦に6等分する。鶏肉は余分な脂を切り取り、ひと口大に切ってしょうゆをもみ込む。
**2** 鍋に**1**とAを入れて紙ぶたをのせ、中火にかける。沸いたらふたをして12～13分煮る。
**3** かぶの葉は5～6cm長さに、茎は小口に切って**2**に加える。ふたを開けて1～2分煮たら、火を止めてそのまま冷ます。

※一度冷ますことで味がしみる。食べるときに温めます。かぶの葉と茎は、温めるときに入れても。

# にんじん
*recipe*

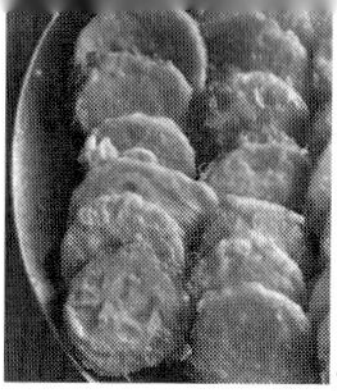

p.100

## にんじんと長いものジョン

■材料（2人分）
にんじん…2/3本
長いも…1/2本（直径4cm×14cmくらい）
薄力粉…大さじ1　植物油…小さじ2
A（卵…1個、塩…ふたつまみ）
塩…適量

■作り方
**1**　にんじんと長いもは皮をむき、5㎜厚さくらいの輪切りにし、薄く薄力粉をまぶす。
**2**　フライパンに植物油をひき、中火にかける。Aを溶きほぐして**1**をくぐらせ、熱したフライパンに並べる。
**3**　にんじんと長いもをすべて並べたら、残った卵液を上からかけ、両面焼く。食べるときに、好みで塩をふる。
※ジョンとは、韓国料理の一種で、食べやすく切った野菜などに薄力粉や卵液をつけて焼いたもの。

p.99

## 蒸しにんじん

■材料（作りやすい分量）
にんじん（お好みのもの）…適量
にんじんの葉…適宜
ブルーチーズ・バター…各適量

■作り方
**1**　にんじんは長さによって、横に2～3等分に切る。太いものは、縦半分に切る。蒸し器に並べて中火にかけ、冷たいうちから蒸し始める。20分以上かけてじっくり蒸す。蒸し上がる少し前ににんじんの葉を入れ、2～3分蒸す。
**2**　ブルーチーズ、バターを添える。
※にんじんは、紫にんじんや黄にんじんを使っていますが、1種類でも。皮は好みでむいても。
※塩、粒マスタード+はちみつなどもおすすめ。

にんじんの切り方

## にんじんの梅干し炒め

p.100

■材料（2人分）
にんじん…2本
梅干し…2個
青じそ…5枚
植物油…小さじ2

■作り方
**1**　にんじんは皮をむいて縦半分に切り、斜め薄切りにする。
**2**　梅干しは種を取って包丁で細かくたたき、青じそはせん切りにする。
**3**　フライパンに植物油をひき、にんじんを入れたら中火にかけてしんなりするまで炒める。**2**を加えてさっと炒め合わせる。
※にんじんがヘナヘナにならない方がおいしい。

p.101

## キャロットケーキ

■材料（縦18×横8×高さ5㎝のパウンド型1台分）
にんじん…1と1/2本（約200g）
くるみ（無塩）…40g
カシューナッツ（無塩）…40g
卵…2個　粉末黒砂糖…大さじ4
A（ラム酒・オリーブオイル…各大さじ2）
B（薄力粉…150g、ベーキングパウダー…4g）
植物油・クローブパウダー・クローテッドクリーム…各適量

■作り方
**1** オーブンを200℃に予熱する。
**2** くるみは1粒を3～4等分に砕く。カシューナッツは半分に割る。
**3** にんじんは皮をむき、1本はすりおろし、残りの1/2本はせん切りにする。
**4** ボウルに卵と粉末黒砂糖を入れてよく混ぜ、Aとすりおろしたにんじんを加えてさらによく混ぜる。Bをふるいながら加えて、さっくり混ぜる。完全になじんだら、**2**とせん切りにんじんを加える。あればクローブパウダーをふり、全体を混ぜる。
**5** 型に植物油を塗ってオーブンシートを敷き、**4**を入れる。型ごと、とんとんと落として空気を抜き、200℃に予熱したオーブンで35～40分焼く。竹串を刺して生地がついていなかったら焼き上がり。
**6** 型のまま平らな器などにふせて置き、冷めたら型から外す。食べやすく切って、あればクローテッドクリームを添える。

※粉末黒砂糖がない場合は、砂糖をやや少なめに使ってください。

p.101

## にんじんと2色のディップ

■材料（作りやすい分量）
にんじん（お好みのもの）…適量
くるみ（無塩）…20粒
A（味噌…大さじ3、粉末黒砂糖…小さじ1）
B（ほぐした明太子…大さじ3、サワークリーム…大さじ2、レモン汁…小さじ1）

■作り方
**1** くるみ味噌ディップを作る。二重にしたビニール袋にくるみを入れて粗く砕き、Aと混ぜる。
**2** Bをよく混ぜて、明太子サワークリームディップを作る。
**3** にんじんは、好みの大きさに切る。器に盛って、**1**と**2**を添える。

※くるみ味噌ディップは冷蔵庫で1か月間、明太子サワークリームディップは冷蔵庫で3日間保存可能。
※にんじんは、紫にんじんや黄にんじんを使っていますが、1種類でも。
※粉末黒砂糖がない場合は、砂糖をやや少なめに使ってください。

**キャロットケーキを**
**ホットケーキミックスで作る場合は**

材料のBのかわりに、ホットケーキミックス150gに対して、作り方3のすりおろしにんじんを1/2本分に、卵を1個に、粉末黒砂糖を大さじ2に減らして、同様の作り方で作れます。

# ビーツ
*recipe*

p.103

## LOVE ビーツのサラダ

■材料（作りやすい分量〈4〜5人分〉）
ビーツ…1個（約150g）
さつまいも…1本（約300g）
ブルーチーズ…40g
ラディッシュ…5個
キヌア…1/2カップ
水…200mL
A（バルサミコ酢…大さじ3、はちみつ・
しょうゆ…各小さじ1、
クミンパウダー…小さじ1/3）

■作り方
**1** 小鍋にキヌアと水を入れて中火にかけ、沸いたらふたをして弱火で10分炊き、10分蒸らす（キヌアから薄緑色の芽のようなものが出て、ふっくらとしたら炊き上がり）。
**2** さつまいもは皮ごと、柔らかくなるまでゆでるか蒸す。皮をむいてボウルに入れ、木べらで5〜6切れに割る。熱いうちにブルーチーズを加えてさっくり混ぜる。
**3** ビーツは皮をむいて2〜3㎝角に切り、水から柔らかくなるまでゆでて水気をきる。ラディッシュは縦半分に切る。両方を**2**に入れて混ぜる。
**4** 小鍋にAを入れて火にかけ、よく混ぜる。フツフツと沸いてきたら軽く煮詰める。火を止めて冷まし、**1**とともに**2**に加えて和える。
※炊いたキヌアは、冷蔵庫で3日間保存可能。使う量はお好みで調節を。

# 野菜のたのしみ

山脇りこ

私が家でつくる料理の8割が野菜たっぷりの料理です。日々のごはんだけでなく、家族や友達が集まる時も。サラダにあえもの、焼いて、炒めて、煮て、揚げて、時には漬けて、表情の違う野菜をいろんな組み合わせで食べてほしい。

そんな私の野菜料理は、多くが旅先の市場で生まれます。町の市場はいつも私の旅の目的地。世界各地、日本各地、数えきれないほどの市場を訪ねました。キッチンがついた部屋をとり、料理熱がマックスなうちに、その地で料理してみます。

ＮＹ、ユニオンスクエアのグリーンマーケット。そこで出会ったケールの生産者を訪ねてロングアイランドまで行き、ダチョウの卵と共にしっかりと焼かれたケールを食べて感激。焼くとこんなに美味に!と、スムージーから脱出できました。

カナダ、モントリオールのジャン・タロン市場。ここで食べた小さくて固い野菜のようなりんご、初めての味。むらむらっと料理したい衝動が。この本にある、シンプルにかぶとりんごを焼く料理が生まれました。

パリ、ラスパイユのビオマルシェ。にんじんの〝にんじんくささ〟に感激。さっそく蒸して、隣で売られていたブルーチーズをつけて食べました。表紙の蒸しにんじんはうちの定番料理に。

大阪の市場でみつけた生でもイケるふわっふわの小松菜。探し当てた生産者は、脱サラして大阪市内で青菜だけを作っている方でした。菊菜の本場でつくると、小松菜もこんなに優しくシャイな奴になるのか、と、オレンジやイチジクと合わせてサラダにしています。

旅のたびに野菜から愉しみ方を教えられます。

新顔野菜に心奪われたり、きゅうりやキャベツに惚れ直したりしながら、１３３の料理で、みなさんにもこれまでよりもっと野菜を楽しんでいただけたら、なによりです。

しびれる、無二の写真・長谷川潤さん、緻密で洗練されたアートディレクション&デザイン・高市美佳さん、辛抱強く支えてくれた渡辺ゆきさん、ありがとうございます。

そしてこの本では、野菜の魅力、おいしさを、ビジュアルでも伝えたくて、市場から畑から、すばらしき野菜を集めました。助けてくださった、和歌山の青果仲卸立野商店さん、京都のＳＯＲＡ農園さん、千葉のさいのね畑さん、佐賀福富産物直売所さん、大阪ｗａｓａｂｉの今木さん、そのほか、全国から来てくれた美しき野菜にも心からの感謝を。

プロフィール

## 山脇りこ　料理家

週に6日は家で晩ごはんを食べる夫とふたり暮らし。日々のごはんの8割が野菜で、毎日必ず山盛りの季節のグリーンサラダを食べている。生家は長崎の観光旅館。新鮮な山海の幸、四季のしつらえに囲まれて育つ。旬の食材や、だし、調味料にこだわりつつ、モダンで作りやすい家庭料理を伝えている。日本の伝統食材である昆布のだしとレシピをまとめた『昆布レシピ95』（JTBパブリッシング）がグルマン世界料理本大賞2014グランプリを受賞。『明日から、料理上手』『「かる塩」「かる糖」料理帖』『今日も明日も　ごきげんカレー』（以上、小学館）など、著書多数。
東京・代官山で料理教室「リコズキッチン」を主宰。

ウェブサイト　http://rikoskitchen.com/
オフィシャルブログ　http://ameblo.jp/yamawakiriko2017/

作りやすく工夫した「定番レシピ」から、
おもてなし映えする「モダンなひと皿」まで

# 野菜のたのしみ—私の野菜料理133—

著者／山脇りこ

2017年9月19日　初版第1刷発行

発行者　清水芳郎
発行所　株式会社　小学館
〒101-8001　東京都千代田区一ツ橋2-3-1
電話／編集　03-3230-5125
販売　03-5281-3555

印刷所　共同印刷株式会社
製本所　株式会社若林製本工場

校閲／小学館クオリティセンター
制作／遠山礼子　太田真由美　星一枝
販売／小菅さやか　宣伝／島田由紀
編集／戸沼侚子

ISBN978-4-09-310862-1


撮影／長谷川 潤
ブックデザイン／高市美佳
野菜監修／長 有里子
構成・文／渡辺ゆき
料理・スタイリング・文／山脇りこ

調理アシスタント／
玉利 紗綾香、垂水千絵、吉田千秋

食器協力／UTUWA　TEL 03-6447-0070